戦後日本と竹内好

中村 愿

山川出版社

はじめに

竹内好《たけうちよしみ》さんが亡くなられて四十年がすぎました。

二十歳のわたしが九州から上京してのち、竹内さん主宰の「中国の会」の会員になったのは一九六九年の冬ごろ、数年後には会の雑誌『中国』の編集部にはいっていました。竹内さんは七七年三月三日、桜が咲き初めるころに六十六歳で他界されましたから、わたしが竹内さんとともに身近に語りあえたのは十年に足りません。

長いとは言えぬその歳月は、しかしわたしにとってはかけがえのない日々となりました。それまでのわたしは、日本経済が高度経済成長期に入っていくのとは裏腹に、六〇年反安保闘争後の政治的失速のただなかにあって、精神的に未熟で、やみくもに出口を模索する蟻にも似た青春をおくっていたからです。

一九六五年、日本は韓国と正式に戦後の国交を樹立しました（同年「日本国と大韓民国との間の基本関係に関する条約」）。同じ年にアメリカが北ベトナムへの爆撃を開始、翌六六年には中国が文化大革命の動乱に突入します。七〇年に日米の安全保障条約が自動延長し、七二年には、米軍基地が盤踞《ばんきょ》したまま沖縄の施政権が日本国に返還されました。

その年、米中の急速な接近の尻馬にのるかたちで、日本と中国の国交が正常化されました。そして、それにともなって竹内さんは「しばらく雑誌を休刊にして、その期間に将来の大計を考えることにしたい」（「中国を知るために・一百二　非力」）との考えから、雑誌『中国』は休刊、翌年には「中国の会」も解散しました。竹内さんは魯迅の個人訳に専念していきます。

しかしわたしは竹内さんのもとを去らず、その後は一年の半分は自分の無知を反芻しながら本を読み、残りの半分は飯場で汗をながしながら生活費をためるというような生活をおくりました。竹内さんは「私には師もいないし、弟子もいない。私は天地の間にただ一人でいたい。」（「転形期」六二年十一月八日）と日記に書かれていますが、わたしには竹内さん以外に、師と呼ぶひとはいなかったのです。

あるとき、竹内さんは静かに言われました。

あわてることはない、と。

ときが流れ、時代はすぎてゆく――

そんななかでわたしは有名・無名、死者・生者を問わず、少なからぬ人びとと触れあい、出あ

竹内好（中国の会事務所にて。会の解散まぢかの頃）

い、交感を体験したのでした。

橋川文三、埴谷雄高、武田泰淳、鶴見俊輔、井上光晴、木下順二、中野好夫、大岡信、市井三郎、松本健一——さらには史乗の曹操、孫文、魯迅、毛沢東、岡倉覚三、堺利彦などの人物たち……。

竹内さんなくしては、これら先人たちとの出会いはわたしにはなかったに違いありません。

そしてあるとき、ふと気づきました……これらの人びとはだれも、もはや生きている者はいないのだ、と。わたしの頭のなかでは日夜、かれらと対話しつづけていると思っていたにもかかわらず……脳裏の問題意識を現実の若者たちとは共有できていないことに、思いいたったのです。

竹内さん逝きて四十年。この機会に、折にふれてはよみがえってくる竹内さんと、その縁につながる人びととの交感の軌跡《あと》をふり返っておきたいと思うのです。

今ひとたび、文学者竹内好がわたしたちに向かって放った真剣なまなざしの行方を見さだめ、かれを敢然と時代に対峙せしめた情熱のぬくもりに触れるために。

目次

【第五章】『魯迅文集』に賭ける

【第六章】『魯迅文集』をひもとく

【第七章】あの時代を反芻する

本文中の写真は著者所蔵
装丁・山崎　登　編集協力・角谷　剛

戦後日本と竹内好

編集付記

＊本書では竹内好の著作の表記に添って議論を進めるため、今日の社会通念に馴染まない本文中に使用する国名表記や歴史的用語でも、あえて竹内好による表記をそのまま踏襲し、初出の箇所には注記するなどした。

＊引用文中、……は中略の意。〔　〕内は筆者による注記である。また適宜、ルビをふった。

【序章】 遅れてきた青年

北九州の政治少年

自分が生きてきた同時代を客観的に述べることは、思ったよりも骨の折れることである。二十代の半ばにすれ違った鳶職《とびしょく》のおとこはある日、棟上げの柱のかげで、これが俺の産まれたあかしだと言って干からびた臍《へそ》の緒を見せた。しかしそのとき、わたしはかれの意図を解さず、数日後、現場から遠のいた。臍の緒はまったく無意味な感傷にすぎぬと思ったのである。

しかし今、半世紀近くが過ぎて、自分が彷徨した同時代を顧みようとするとき、なぜかあの鳶職がしめした臍の緒が思いだされる。静かに自分の来し方を見つめなおしていると、いつしか死に別れて久しい母に思いいたるように、この人世《じんせい》で出会った「竹内好《たけうちよしみ》」という日本民族主義者の魂がうかびあがってくる。それはちょうど、わたしが還《かえ》ってゆくべき臍の緒というべきものなのかもしれない――。

日本に〝京都〟の地名はふたつある。古代の『和名抄《わみょうしょう》』に「美夜古《みやこ》」と記された福岡県の京都郡《みやこぐん》と、近畿地方の京都市《きょうとし》である。

わたしは京都郡の豊津《とよつ》に生まれた。十三歳のとき四歳年うえの兄を不慮の交通事故で亡くしたため、将来の家庭の経済事情をおもい、工業高校にすすんで就職する道をえらんだ。それゆえ中学二年のとき、受験校区のことなる北九州市の小倉《こくら》にでて寄留し、二年ちかく自炊生活をおくった。

当時、北九州の一部の都市にはまだ路面電車がはしっていた。国鉄（当時）小倉駅に近い魚町《うおまち》で下車すると、目のまえに金榮堂書店がある。時間をつくっては寄り道し、小口《こぐち》と地《ち》を断裁したばかりの、まだインクのにおう文学雑誌――『文學界』『新潮』『群像』や、総合雑誌――『中央公論』『世界』『文藝春秋』などの文字の空間にひたるのがすきだった。それは少年期終わりころのわたしにとって、まさに精神のオアシスであった。一冊買えば書店の女主人は、ほかの本を長い時間立ち読みしても見のがしてくれた。

六〇年代のはじめ、金榮堂書店の店頭では実存主義がはやり、サルトルやボーヴォワールの翻訳がならんでいた。わたしはごく自然に、サルトルの小説『嘔吐《おうと》』や戯曲『キーン』の波間にただよっていた。

そんなおり、一九六〇年の夏のさかり、手にとった『新潮』誌上で、大江健三郎の「遅れてきた青年」にであったのである。手記の体裁をとった中編小説の第一部「一九四五年夏、地方」の冒頭部分――敗戦直前の真夏、四国の辺鄙《へんぴ》な中学校の運動場で、勤労動員でやってきた予科練生が少年にこういった。「戦争は終るぞ、きみは幼なすぎて、戦争にまにあわないよ、ぼうや！」

やぶ睨《にら》みの少年（すなわち大江少年）は愕然とする。戦争にまにあわない？　戦争に遅れてしまう？　なぜだ、遅れるはずがない、戦争はおわることがないはずだ、ああ、早く特攻隊に入りたい！　そう少年は信じつづけてきたが、予科練生がつげたように八月十五日、敗戦の日はついにきたのである。

戦争にいき遅れた少年をおそった寄《よ》る辺《べ》なき衝撃、眼前の死がすっぽり消えてしまったとまどいと苦悩――金榮堂でそれを立ち読みしたとき「これは俺んごとやないんか！」（「これはオレのことではないか！」の方言）と、わたしは危うくさけびそうになったのだった。

なぜなら一九四七年、昭和二十二年うまれのわたしは当時、右《う》顧《こ》左《さ》眄《べん》する戦後教育体制のなかにすっぽり放りこまれたまま、孤独だった。敵はみえず、周囲の暗闇のどこに、にぎりしめた拳を打ちこめばいいのか。わたしはいまだ敗戦後の渦中に纏綿《てんめん》としていた。わたしの戦争は終わってはいない――自分もまた、時代に「遅れてきた青年」ではないか。

小説は「遅れてきたものの自己弁護」の手記として一年以上連載されたが、連載が終わるころにはわたしの関心は、大江が同時進行して執筆した「セヴンティーン」（『文學界』六一年一月）や、その第二部「政治少年死す」（同二月）にうつっていた。一九六〇年から六一年にかけて現実の日本社会をゆるがした反安保闘争のうねり、右翼少年による浅沼稲次郎刺殺事件などの政治的激変が、わたしを大江の作品に引きつけたのであろう。大江は二十六、七歳、わたしは十四、五歳であった。

北九州の片田舎の都市で、わたしは「惨めで醜いセヴンティーン」（「セヴンティーン」）になろうとしていた。新橋駅頭の皇道派のアジ演説に聴きいる〝サクラ〟の「セヴンティーン」を、うらやましいと感じた。六〇年十月、日比谷公会堂における三党首立会演説会で、山口二矢《おとや》（十七歳）が短刀をかまえて演説中の社会党委員長浅沼稲次郎に突進、刺殺した。そのすがたを新聞や隣家の白黒テレビでなんどか記憶にたたみこむと、わたしはあき地で空手をつき、剣道のまねごとに励んだ。が、幸か不幸かわたしには、思慮のさだまらぬわたしを指嗾《しそう》する皇道党の党首も行動隊長もいなかった。それ以上の「中毒症状」（「政治少年死す」）には、かからなかったのである。

新聞配達

工業高校を卒業していったん製鉄会社に就職したものの、会社勤めはわたしの性にまったく合わないことがわかった。一年たたずして退職し、あらたに大学受験の準備にかかろうとしたが、身がはいらない。受験勉強はまったくせず、猥褻《わいせつ》か否かで翻訳者と出版者が裁判にかけられた

D・H・ロレンスの『チャタレイ夫人の恋人』（伊藤整訳）や、父の書架にあった総ルビの『明治文学全集』『大正文学全集』などをよみふけるばかりだった。

わたしが大学受験を大義名分に、記録的な大雪がつもった北九州の台地、日豊本線の行橋《ゆくはし》駅から夜行寝台列車にのって東京に向かったのは一九六七年、昭和四十二年の、ちょうど二十歳の真冬のことだった。

そのころの青年のこころにはまだ、「上京」という言葉が疼《うず》いていたようにおもう。その疼きに急《せ》き立てられるように、形ばかりの受験勉強をとりつくろいながら、熱すぎるスチームでまるで家族列車のように暖かくなっている寝台ボックスに、わたしは収まりこんだ。日豊本線の始発駅、都城《みやこのじょう》から乗りこんでいた老人の分けてくれたふかし薩摩芋が、無性にうまかった。

わたしは朝日新聞の新聞配達奨学生として、上京することになったのだった。

一昼夜にわたる九州からの上京列車は、わたしを東京中野区本町の、ある朝日新聞販売所にみちびいた。わたしたちは二十畳ほどの冷え切った板張りのあちらこちらで、聞きなれないイントネーションのことばを控えめにかわしながら、新聞広告の折り込み作業に従った。すぐにはっきりしてくるのだが、南は沖縄から北は北海道まで、同じような奨学生が二十数人はいただろう。年齢、服装、顔かたち……男である以外は、すべてが異なっていた。そしてだれもが、それなりの笈《きゅう》を背負って上京してきていることは違いなかった。

朝三時からの広告折り込み、自転車配送、各戸配達、未配達処理、休日の集金業務、部数拡大、などの新しい新聞配達の生活が始まった。奨学生としての一日の勤務がおわれば、あとはまったくの自由時間である。わたしは付け焼刃の受験勉強計画表を机のまえに張りつけるや、たちまちそれらには目もくれずに日本の歴史や世界文学の世界に没頭していき、神田神保町の古書店めぐりにこころ躍らせた。そこに満ちあふれる、小倉魚町の数軒の本屋からは伝わってくることのない、沸騰する世界文化の坩堝《るつぼ》のいぶきに強くとらえられたのである。

わたしの日課は新聞配達と読書と作文にしぼられた。作文とは、上京以前から極端に少なかった他人との談論の空間を仮構《かこう》し、原稿用紙に書き下ろすこと、つまりわたしには何の通路もない現実社会への投稿である。数年後、雑誌『世界』の「私の学校」特集号（七〇年八月十五日）に、戦後生まれの青年のつたない考えの例として投稿が拾われたこともあった。

――典型的凡人であるわたしにとっては、教育こそが真に強く生きる力を与えてくれるべきであったのに、実はその六・三・三制教育そのものが、わたしから一個の人間として生きる意欲を奪っていたのだ。いま思えばぞっとするほどの無味乾燥な授業、老いた教師たちのしたり顔。わたしはそれらすべてに疑いをもたなかった。わたしはそんなこと一般に対して疑いを抱かない人間へと、教育されていっていたのだ。

――学校というものが、個人はもちろん、真に人民の、ひいては人類のためになる学問を学ぶ所であるとするなら、わたしにとって、いわば戦後の二二年間のなかに、そのような時期があったとはとうてい思えない。

（「戦前・戦中派に言いたい」中村愿〈東京都・無職・二十二歳〉より）

選者は数学者の遠山啓《ひらく》である。かれは「配給された戦後教育のすばらしさを恩着せがましく説教する大人たちに対するあなたの反発はよく了解できる。だが戦争中は力強く誇《ほこり》高く生きていたという伝説をあなたに信じさせたのも、あなたが糾弾する大人の一部分ではなかったか。その大人たちは軽薄でもなくオッチョコチョイでもないが、もっと奸智にたけているかも知れないのだ。」とコメントしていた。

中野区本町の朝日新聞販売所に住みこんで一、二年たち、都会の生活にも少しなれて大学受験をあきらめたころ、すでに同期に上京してきていた数人はある朝、笈をすてて何処《いずこ》かへと姿をくらましていた。

あるいは宮崎から出てきていたやせぎすな青年は、寝過ごしてあわてて配達にとびだし、狭い路地でおなじ新聞の配送車と衝突して無残な姿となった。わたしたち数人の新聞奨学生はその日、早朝まで、わたしの部屋の炬燵《こたつ》を囲んで将来にはせる志を熱く語りあっていたのだった。

中野坂上宝仙寺に響きわたる読経につつまれ、遺骸に会うためはるばる出京してきた若い母親の泣き崩れるすがたを、わたしは今も眼底から消し去ることができない。販売店からの慰霊金は、たしか一〇万円だった。

ささやかな血の逆流

そんなある日の午前十一時半ごろ（それは、一九七〇年十一月二十五日だったが）、九州から〝遅れてきた青年〟の血を逆流させる、あの事件がおきたのである。

わたしは普通車の運転免許証をもっていたこともあって、奨学生の仕事とはべつに、ときどき店主の乗用車の運転手をたのまれた。黒塗り高級車のニッサン・グロリア２５００ＣＣ、店主が築地にあった朝日新聞配送センターでの新聞部数拡大販売会議などにでるため、中野坂上から新宿、銀座をとおって往復するのが習いだった。

そのころ読売・朝日・毎日・日経・東京・産経などの各新聞社は、販売部数獲得に激しくしのぎをけずっていた。配達の現場では、他社の投函しおわった新聞をひそかに新聞受けから抜き取り、読者に不興を買わせて部数を横取りするというようなこともあった。大雨や雪の降る日にそれをやられると、配達し終わったばかりの疲れた体にこたえた。怒りと恨めしさに、遣る瀬《やせ》ない思いをしながら再配達したものである。

グロリアは本町から青梅街道にでて、中野坂上の信号で一旦停止した。空はあおく晴れ、道路はすいていた。

「ニュースでも聴くか」

助手席の店主にうながされて、ラジオのスイッチをいれた。信号がかわる。とつぜん「さきほど日本刀を手にした三島由紀夫が、自衛隊市ヶ谷駐屯地に突入しました。」アナウンサーのうわずった声が車内にながれた。その瞬間、アクセルを踏みこもうとするわたしの右足の親指のつけ根あたりが急にあつくなり、体内の血が一挙にすうーっと心臓まで逆流していくように感じられた。

このまま新宿から靖国通りを行けば、至近距離に市ヶ谷駐屯地の正門がある。

「いま、村上一郎さん〔文筆家〕が日本刀をもって駆けつけてきました！」

ニュースが続報をつたえる。心中の動揺を店主にさとられないよう、わたしはゆっくりアクセルをふみこみ、築地に向かって車を発進させた。

自衛隊総監室を占拠した三島は、隊員にクーデターを鼓舞したが失敗、切腹した。もう細部の記憶はうすれているが、午後には各紙が競って号外をだし、夕刊の配送がおくれて混乱した。数紙の新聞の一面には、楯の会会員に介錯された三島の首が印刷されていたように思う。

その日から、わたしは新聞・週刊誌・総合雑誌などの三島関連の記事を熱心にあつめはじめた。

三島の行為が腑に落ちなかったのである。切腹の真意を知りたかった。いささか血が逆流した自分にも、なぜか言いようのない不快感をおぼえていた。

上京してのち、わたしはひとりで何度か数寄屋橋に右翼の街頭演説をききにいったが、そのたびに九州で思いえがいていたわたしの政治少年の夢は、瘦せほそっていった。あたりに眼光のするどい少年は見あたらず、くたびれた宣伝カーのそばに立つ日焼けした痩身の老人ひとり、〝赤化〟してゆくアジアの政治地図をえがいた幌布をひろげてさし示しながら、路傍をゆきから人影にむかって声を涸らしてなにかをうったえていた。だがその主張にも、口吻にも、わたしを魅きつけるものはなにもなかった。そしてふいに、現実におきた三島の割腹……三島の死は、その十年前に大江がえがいた「政治少年死す」の後追いに過ぎなかったとも言えるのではないか――。

わたしは大都会のかたすみで、さまざまな社会的矛盾や休みない政治的動向にこころをうばわれていったが、そのひとつが日本人の朝鮮人差別に対するつよい関心だった。わたしには少年時代に、わずかながら朝鮮人と交流した体験があった。かれらは戦争中、朝鮮半島から労働力として連れてこられたというらわさだったが、戦後すぐはわたしの村の農家の手伝いなどをして糊口をしのいでいたようである。

かれらはおおきな農家の納屋の土間に、数家族で住んでいた。湯気がもくもくとたちのぼるごった煮の辛くて熱い朝鮮鍋を、ご近所のわたしたちも加わって高らかに談笑しながらみんなで囲んだ光景が、いまでもあざやかに思いだされる。しかし遊び友達だった数人のむすめたちの姿は、いつしかわたしの記憶から消えていた。朝鮮戦争が終わったころ（一九五二〜五三年）のことである。

三島が自殺する二年前、一九六八年二月、在日朝鮮人の金嬉老がライフルで二人の日本人を射殺し、人質をとって寸又峡《すまたきょう》温泉の旅館に籠城、日本人の朝鮮人差別を告発していた。また七〇年には「帰化」した在日朝鮮人の梁《りょう》政明（日本名は山村政明）が、早稲田大学前の穴八幡宮でやはり日本人の朝鮮人差別に抗議して焼身自殺した。

日本文化の防衛について

三島の「文化防衛論」が『中央公論』に発表されたのは一九六八年七月のことだったが、そこにはつぎのように書かれていた。

　社会的な事件といふものは、古代の童謡のやうに、次に来るべき時代を寓意的に象徴することがままあるが、金嬉老事件は、ジョンソン声明〔北爆停止〕に先立って、或る時代を予言するやうなすこぶる寓意的な起り方をした。それは三つの主題を持ってゐる。すなはち、「人質にされた日本人」といふ主題と、「抑圧されて激発する異民族」といふ主題と「日本人を平和的にしか救出しえない国家権力」といふ主題と、この三つである。第一の問題は、沖縄や新島の島民を、第二の問題は朝鮮人問題そのものを、第三の問題は、現下の国家権力の平和憲法と世論による足カセ手カセを、露骨に表象してゐた。そしてここでは、正に、政治的イデオロギーの望むままに変容させられる日本民族の相反する二つのイメージ――外国の武力によつて人質にされ抑圧された平和的な日本民族といふイメージと、異民族圧迫の歴史の罪障感によつて権力行使を制約される日本民族といふイメージが二つながら典型的に表現されたのである。前者の被害者イメージは、朝鮮民族と同一化され、後者の加害者イメージは、ヴェトナム戦争を遂行するアメリカのイメージにだぶらされた。

しかし戦後の日本にとつては、真の異民族問題はありえず、在日朝鮮人問題は、国際問題でありリフュージの問題であつても、日本国民内部の問題ではありえない。……

「文化防衛論」は、つづけて日本人の文化における天皇の意味づけへと展開してゆき、日本人が日本人たるためには「天皇」の「防衛」は必然である、という。

それを読んでいたわたしは、他の民族を差別してまで防衛する日本文化はないと、三島の考えには批判的だった。

日々、数百部の新聞を肩からかつぎ、路地から路地へ、アパートからアパートへ、階段から階段へとちまたを走りまわって配達しつづけながら、わたしは三島と仮構の談論をくりかえした。かれの自決行為は社会やジャーナリズムをさわがせたが、わたしにはどう考えても、結局は安価な自己顕示に満ちた貧相なパフォーマンスにしか見えなかった。かれの行為は、文学者としてのかれ自身のことばの真実性を裏切ったとわたしには思われた。

『日本浪曼派批判序説』の著者で、のちに竹内好の「中国の会」の同志ともなる政治思想史研究家の橋川文三は、文芸評論家の松岡英夫との対談「三島由紀夫の死」（橋川文三『三島由紀夫論集成』深夜叢書社、一九九八年）のなかで、こう語っている。

橋川　……彼の「文化防衛論」における天皇論というのは、やはり、論理的には乱れている。……あの天皇というのは全く三島のイメージであって、歴史的でもなければ政治的でもない。……あれは三島独特の超越神であって、三島が自分の頭の中で作り上げたビジョンであり、むしろ彼個人の怨念と決意の投影としか考えられないようなものなんです。……

三島事件から二、三ヵ月後、『週刊読売』誌が「三島由紀夫の死をどう見るか」を、読者から募集した（一九七一年三月十二日号）。わたしは投稿した。その一節を、少し長い引用になるけれども、ここに写しとっておきたい。

私は昨年、二人の人間の自殺を経験した。ひとつは十月六日、秋深い早稲田の杜《もり》における在日朝鮮人山村政明の焼身自殺であり、他のひとつは十一月二十五日、市ヶ谷自衛隊総監室における三島由紀夫の切腹自殺である。

山村政明の自殺を、もう多くの日本人は忘れ去っているだろう。いや、その死さえも知らぬ人があったかもしれない。だが彼の焼身自殺は、私にとってはまさに生活を変えるほどの大きな衝撃だった。

日本で生まれた彼は、九歳のとき、父母の配慮により日本国籍に帰化され、姓は「梁」から「山村」に変わったが、その後の貧困と日本人の差別による屈辱的生活のなかに、彼はこの国の〝法のもとの平等〟という憲法がいかに欺瞞的なものであるかを知っていった。

しかし、非道な〝差別〟と非情な〝金《かね》〟の狭間《はざま》にあって、彼はなおも朝鮮人として生きようとしたのだった。……

彼の大学生活は苦闘の連続だった。貧窮、学園闘争、思想の混乱、恋愛、宗教、肉体的虚弱……、なかんずく彼にとって最も大きな問題は、彼が帰化した朝鮮人だということだった。帰化しているがゆえに、在日同胞からは受けいれられず、あまつさえ、彼を救い得たかもしれぬ日本人との恋も、彼を朝鮮人と知った優しい彼女の母の婉曲な断わり状で、ついに破局へと導かれてしまった。

ここにおいて山村政明は、一個の人間として自己の生きる場所を見失ってしまった。いや、彼が自分の生きる場所を見失ったというよりも、それはむしろ奪われたのだった。彼が朝鮮人であるということのために、多くの優しい、善良な日本人たちに！

三島由紀夫の死が報道されたとき、私はまずその死に方の異様さに圧倒された。そして、だんだん冷静になるにつれて頭に浮かんできたのは、なぜ山村政明の死はこれほどまでに騒がれなかったのかという疑問であった。山村の自殺の報道は、そのはらむ問題の大きさに比して、この氾濫した情報社会においては異常といえるほど貧弱だった。

わずかに報道された山村の手記の一部を、引用しよう。

「私は半日本人ともいうべき非条理な自己の存在を納得することはできない。この国の人のわれわれ朝鮮人に対する偏見を打破して、両民族の和解と友好を確立することに一生を捧げたいと大きな理想を抱いたこともあった。しかし壁は大きい。『朝鮮人はきたない、ずるい』と私の信頼していた学友、ヒューマニストを任じる学友が口ばしったとき、私はガク然とした」

三島由紀夫はノーベル賞候補の天才的作家であり、肉体美を誇り、天皇を崇拝し、楯の会を作った日本人であり、また真に日本の将来を憂えた日本人のひとりだったのかもしれない。だがしかし、在日朝鮮人山村政明の死に比して、なんと、かくも個人的な死であったろうか。

この山村の手記の前に、あの三島の〔自衛隊員に示した〕「檄」なるものがいかなる力を示し得ようか。日本民族は、他民族への〝差別〟をも超越して語れるような、自己の文化を持っていはしない。もともといかに単一民族であれ、他民族との接触なしには存在し得ぬ歴史のなかにおいて、そのような民族文化などあるはずがない。……

ところで三島の割腹後、大江健三郎は触発されていくつかのエッセイや小説を書いており、「現実世界の乗り超え――わが猶予期間《モラトリアム》2」にはこんな記述がある。

夢はふたつ見たのさ、まず、夢その1とでもするかね、ha、ha！ この夢は、戦中・戦後、意識の転換はなしに、すなわちつねにお国のためにという心がまえでさ、情報交換をやってきた男が（かって帝国陸軍情報将校であり、つづいて自衛隊情報将校であった男がね）、雑誌に書いた記事をおれが読んでのことなんだ。おれの夢の話を記述する作家のきみには、なんとも複雑な当惑をさそうにちがいないが、夢のなかのおれは、じつに「三島由紀夫」なんだよ、ha、ha、ha！

それは夢の常套というべきだがね、おれは自分が「三島由紀夫」で、ほかならぬかれとして現実の行動に及んでおり、次には自分がどういう行動の局面に向けて展開するかもわかっているのに、なぜ自分がそのように確信こめて行動するかのな、内的な意味のつながりは不可解なわけなんだ。そこで「三島由紀夫」としてのおれの行動は、なにもかも演技あるいは遊戯にすぎぬと、自覚されてくる始末でね、夢を見ながらもさ。しかもその演技・遊戯の行動をつうじて、おれの「三島由紀夫」は、なんらかの改革を現実にもたらそうと張りきっているんだがね。そして夢の「三島由紀夫」の行動が、実際にどういうものだったかといえば、オリジナルの三島由紀夫がそうやったと、二つの軍隊で情報将校の職務をまっとうした男が書いたとおりなんだからね。ついに眼がさめてからおれは、そうだオリジナルの三島由紀夫もまた、その演技・遊戯の行動をつうじて、現実の改革をはかったんだと、遅まきながら納得する始末さ。そうは解釈しなかったかね、きみのようなかれの同業者は？

〔中略〕

そのうちあらためて夢の局面が変ると、さっきまでいつもバックグラウンド・ミュージックのように聞こえていたデモ隊の歓声は消えていてね、静かな舗道をおれの「三島由紀夫」が、例の情報将校と歩いている。そしておれの「三島由紀夫」は憐れにもさ、ワレワレガ首相官邸デヤル演習ノ指揮ヲオネガイシマスヨ、とトリッキーな打診をするんだ。ところがいまや情報将校はにべもない。かれにはもう演技も遊戯もつづけるつもりはないんだからね。ヤルナラバオレヲ斬ッテカラニシテクレ、演習ガクーデタニカワルコトモアル！　そういわれてみるとね、おれの「三島由紀夫」はその街なかを、剝きだしの日本刀を持って歩いていて、柄には一枚のエブが針金でとめてある。エブの文字、日本刀ハ抜ケバ必ラズ斬ルモノ！おれの「三島由紀夫」は情報将校にこういってみるよりほかにないんだ、冷タイデスナア！

そしておれの「三島由紀夫」はね、かれの死後、この世界に遍在する眼となったかれ自身の眼でさ、血みどろの床に直立した自分の頭をさ、不思議そうに見ていたよ。

「三島事件」の騒ぎは、やがて世間から遠のいていった。しかし、わたしには、ささやかな血の逆流という不快感がのこされた。思えばあれは、三島との唯一の文学的交差だったのだろうか……。

ところで、竹内好は生前の三島をどうみていたか――『竹内好全集』第一七巻の年譜（一九五八年五月十四日）に、「武田泰淳『森と湖の祭り』完成慰労会の発起人を三島由紀夫と連名は困るという理由で断る」とあることから、それはあるていど類推されるけれども、そのことにもっと端的にふれているのは、橋川文三の次の文章であろう。

少し番外にぞくすることであるが、昭和四十五年十一月、三島由紀夫が自刃した。その翌日だったか、私は「中国の会」事務所で竹内から中国語を習うはずだった。私はただその日の中国語の勉強予定に頭が一杯であった。それで竹内がいきなり「おい、今日は祝杯をどうする?」と口をきったのにはびっくりした。今日は何かそんなことがあったかしらんとおどろいていると、竹内はにこにこして「昨日三島が死んじゃったじゃないか」と念を押したのである。私もその前夜おそくまで某テレビに早朝の出演をせまられ、ことわるのに苦労したことはあるが、その時はもう念頭になく、ただ竹内の中国語学習に専心していたのであるから、その言葉にはおどろいた。竹内はそれをどのように考えていたのであろうか。私がわかるのは、ただ竹内が文学者として、三島の「文学」を認めていなかったことである。とくに漢語の錯綜する三島の文章を竹内は一種の人工語とみなし大へん面白く思わなかったということである。そして保田〔與重郎〕はその三島について、なにか遠慮しながらも謹んで文章を捧げている。また、これも私には説明もなにもできないけれど、竹内の盟友武田泰淳はいかにもみごとな弔辞を捧げていた。

同時にもう一人の自殺者村上一郎がいる。この人物には私もまた弔意を表さないではいなかった。そして竹内は「村上大人」の名で彼を呼んでいる。そしてその村上は保田や三島とは親しい間柄だった。彼が保田と吉田松陰のことについて語りあっているのを私は知っているが、村上も一種のロマンティシストだったことはまちがいない。村上の葬儀には竹内や埴谷雄高、吉本隆明、谷川雁、金子兜太、それに私も顔をつらねていた。
（「竹内好と日本ロマン派のこと」『文学』一九七七年十月号、岩波書店）

「中国の会」への道

三島事件のあった年の前年、一九六九年の暮れに、わたしは竹内好が主宰する「中国の会」に入会していた。六八年の夏、神保町のはずれの小さな書店のたなに、数冊の薄っぺらな雑誌『中国』の背文字を目にしたのがきっかけである。

一冊をぬきとってみると『特集・国交回復の条件　解説・竹内好』（六八年八月号、通算五七号、徳間書店発行）とあり、めくってゆくと「〈座談会〉ドラマとしての国家　武田泰淳・萩原延寿・竹内好・橋川文三」「《中国人の日本観》戴季陶《たいきとう》『日本論』」などの目次が眼に飛びこんできた。少ないグラビアのページ「中国＝人とその生活九・イ族」や、書評欄の筆者・葦津珍彦《あしづうずひこ》のなまえもわたしの興味をひいた。かれは『神社新報』の主筆で、気骨ある右翼知識人だった。このような竹内好をとりまくナショナリズム的雰囲気をもつ「中国の会」に、わたしはいつしか強くひかれていった。

こうしてわたしは雑誌『中国』の愛読者となり、「中国の会」の事務所に足しげく出入りするようになる。それはやがて「中国の会」が、いわばわたしにとっての大学となり、毎月発行される『中国』がわたしの人生の副読本になっていく第一歩だったと言えるかも知れない。わたしが求めていたなにかが、そこにあったのであろう。

竹内好という人物にはじめて出あったのも、この場所である。出会いは、それほど強い印象ではなかった。むしろ、柔和だったという記憶がある。しかし、それがいつしか重厚で品位をもつ文体と、そこから発せられる勁《つよ》い沈黙のことばに、心打たれるようになっていったのである。

「中国の会」は、激動の政治闘争〝六〇年反安保〟（「第三章」参照）を渦中で体験した竹内が、政治の季節が一段落した六三年に発足させた会である。最初、十人あまりの仲間と研究会をかさねながら、普通社という小さな出版社から竹内好『現代中国論』、武田泰淳『わが中国抄』などの「中国新書」を数冊だした。その新書に付録の小冊子をつけようということから、ミニ雑誌の『中国』が誕生したという（橋川文三「『中国』百号と私」『読売新聞』一九七二年二月十日）。

六四年からは雑誌『中国』を自主刊行（勁草書房）にきりかえ、そのとき会の「とりきめ」六項目（暫定案）を発表した（「とりきめ」については123ページを参照）。「「政治に口を出さない」の弁」に、竹内はこう書いている。

中国の会のメンバーは、それぞれ思想や専門を異にしているけれども、日中関係の不自然な状態を打開したい、という願望の点では一致している……げんにある各種の日中国交回復の運動が、それぞれにイデオロギイ的偏向をもっていて、日本国民の要求を丸ごととらえることには成功していない、という不満の点でもほぼ一致している。

さて、わたしが入会したころの会の事務所は、中野坂上の朝日新聞販売所から自転車で十五分ほどの代々木一丁目に移転したばかりだった。小さな鳥居のある平田神社の向かい、モルタル建ての二階の十五坪ほどのあかるい部屋である。雑誌『中国』は六七年から徳間書店の発行（A5判型、月刊）となり、編集部も山下恒夫、吉田武志、池上正治三人の新体制になっていた。若いスタッフには、混迷する日中の新しい時代に挑戦する気迫がただよっているように感じられた。

毎月、月末ちかくの雑誌発行日には、徳間書店から六〇〇冊前後の『中国』が事務所にとどき、召集のかかった十人ほどの若い会員たちが、編集部員と雑談しながら袋詰めし、全国に四百数十人いた会員に発送した。

会や雑誌を主宰しているのは竹内好だったが、その周囲にはここに名前をあげきれないほどおおくの男女学生、自由労働者、知識人、反知識人、体制派、反体制派、日和見、風来坊などの〃有《う》象《ぞう》無《む》象《ぞう》〃が、磁場に磁石が吸い寄せられるようにあつまってきていた。会には、誰にでも気兼ねなく口がきける自由な雰囲気があった。

中国の会事務所にて。右から橋川文三、尾崎秀樹、安藤彦太郎、竹内好、二人おいて野原四郎

事務所には雑誌編集部のほかに、デスクのない「中国の会会報編集部」というのがあった。その会報の紙面は、全国の会員すなわち雑誌の定期購読者の交流の場であり、六八年秋から「中国の会」が解散する七三年夏まで、二〇号つづいた。編集はおもに、東京代々木の事務所にたむろする若い会員にまかされていた。

残されたタイプ印刷の会報をめくってみると、「日本近代国家の論理と中国問題・橋川文三」（六八年十月）、「地方会員とのコミュニケート・斎藤善行」（六九年七月）、「〈中国の会とは？〉――一月例会からの報告――」（七〇年三月）などが目につく。いま「〈中国の会とは？〉」から竹内の発言の一部を引いてみよう。そのころの「中国の会」にたいする考えがうかがえる。

竹内　私はこの会を運動体にはしたくないんです。だけど今ね、だんだん若い人が出てきたんですよ、今の暫定執行部にね。その人たちには運動体にもっていきたいという人たちもいるわけですよ。そういう人たちはやって下さっていいんです。私はその時に批判は述べますけれども、運動体に自然に伸びるんならばそれもいいんじゃないかと思っているんです。その時にどういう形になるのかということですね。今までの過去の小集団の組織づくりというのは大体失敗したんですね。サークル運動の盛んな年もあったが、あれがどっかに消えちゃってね、型がないわけですよ。今ある型と言えば、まあ、べ平連でしょうね。新しい型を出したというのはべ平連。われわれの会は、まあ、あれに比べると非常に小さいけれども別のもう一つの型だけは出してあると思うんです。で、それはね、私の感じで言いますとね、運動を作り出す母体のようなものにしたいですね。

この会報が発行された七〇年春、日本赤軍派による日航機よど号の北朝鮮へのハイジャック事件がおき、その十一月に三島が自殺したのだった。さらに七一年の沖縄返還協定調印、七二年二月のニクソン訪中につづく九月の田中角栄訪中、日中国交正常化と、日・米・中の政治地図は大きな変化をみせていく。

そして、そのような状況のなかにあって、「中国の会」もまた現実政治にそうように、あらがうように、あるいは時には無関心をよそおいつつ、ゆるやかに時流にさおさしながら、小さな記録をのこしていった。

「事務所日記」に見る代々木の梁山泊

事務所側面の三間《さんげん》ほどの書棚には、諸橋轍次の『大漢和辞典』をはじめ日中の辞典・事典類から、日本史・中国史にいたるまでの基本図書がぎっしりつまっていた。ほとんどが竹内の私物だったが、だれでも利用勝手たるべし——利用者はだいたい、ふたつのグループにわかれた。かりに呼ぶなら竹内を中心とする「専門家大人組《たいじんぐみ》」と、『中国』編集部および「会報編集部」に寄りつどう「素人若者組《しろうと》」とでも言おうか。「専門家」とは大学で専門の学問を教授していたひとたち、「素人」とは知識・学力等が人生の途上にある学生・一般人のことをさしている。

双方はお互いにあつまる曜日をすみわけていた。大人組は月曜と金曜の午前から午後にかけてのひるまが多く、若者組はそれをのぞいたウイークデーの、夜分までのほぼ一日を自在に利用させてもらった。その記録は「中国の会」の会報や、一九七一年から七五年にかけての十冊ちかい「事務所日記」、あるいは『中国』に連載されていた竹内好「中国を知るために」や、その他の関係者のエッセイなどから、かなり克明に復元することができる。

〝中国の会のある一日〟を「事務所日記」からピックアップしてみよう。〔　〕内はわたしの注記、……は省略をしめす。

〔一九七三年〕六月十一日(月)…一一：二〇TEL　仲〔百合子。学生〕先生、今夜の「三酔人経綸問答」読書会に出席しますわ、とのこと。一二：〇〇　飯倉〔照平。都立大学教授、「中国の会」参謀〕さん来たる。一二：二五　田辺〔貞夫。勁草書房編集者〕さん来たる。長野〔広生。テレビ脚本家、「中国の会」参謀〕さんに〝西安事件資料〟のコピーをあずかっています。…一二：四〇TEL　竹内さんの奥さんから、もうおとうさんはそちらに着いている？　まだおいでになっていません。山から帰りに直接そちらに行くと思いますので…　一二：五〇　橋川〔文三。明治大学教授、「中国の会」参謀〕さん来たる。…　一：二七　竹内先生、リュック・サックを背負って、さっそうとご来場。孤独の山行に満足の観あり。「新緑の小雨の中を歩くのもオツだよ、へへへ…」橋川、市井〔三郎。成蹊大学教授〕先生たち、ことばなし。一時、山話《さんわ》に花咲《はなさく》。まずは元気をとりもどされたようで、放心〔安心〕なり。一：三五　鶴見〔和子。上智大学教授〕さん来訪。また一場の華なる。二：一五TEL　新人物往来社より、「呉濁《ごだく》流《りゅう》」〔台湾の作家〕の本が出たので、飯倉照平さんと竹内照雄〔照夫。中国文学者〕さんの住所を教えてくれ。……　三：〇〇　竹内さんの娘子《じょうし》〔むすめさん〕、リュックをとりにくる。三：一五　東プロダクションの高木氏（?）来訪。竹内さんに面会。「水俣一揆」の前売券、二〇枚あづ《ママ》かりました。四：二〇　長の〔前出の長野広生〕さん来たる。〝西安事件資料〟渡す。五：二〇　クリ〔金盛正至。学生〕来たる。六：三〇　山下〔恒夫。『中国』編集長〕さん来訪。内山〔畝。英文翻訳者〕さん宅から『双解・実用英漢字典』を中国の会にもらいました。七：〇〇「歴史勉強会」

【注釈――この日のひるまは大人組の「竹内中国語教室〔六九年十一月から継続〕」があった。竹内は一月の下旬に、新宿のバー風紋で数針縫う大怪我をした。大酔して階段を踏みはずしたのである。ようやく傷も癒えたので、鬼怒川温泉への療養旅行のかえりに、教室を再開した。ひさしぶりに、会にあかるい雰囲気がただよった。夜は「素人若者組」の「歴史勉強会」である。近代日本の思想を知るための基本的な著作を原文で読み進めていたが、このころは中江兆民の『三酔人経綸問答』や陸羯南《くがかつなん》の『近時政論考』などをテキストにしていた。】

事務所日記に眼をとおしていくと、いったいどれほどの数の若者が「勉強会」の名のもとに会に出入りしていたのか、その少なくないのに驚く。順不同におもな会の名前をあげておけば――歴史勉強会・魯迅友の会・アジアの映画を見る会・漢文勉強会・明治文学研究会・魯迅翻訳研究会などのほかに二、三の中国語教室……さらに「中国の会」と連携して一般社会にも開放した例会で、尾崎秀樹や加藤周一など視野のひろい知識人のはなしも聴講した。

七二年の日中国交回復後、中国大陸の東北地方からいわゆる〝残留孤児〟とよばれた日本人が帰国しはじめると急遽、その人たちのために「中国の会」で「日本語学習会」がひらかれるようになった。

日本政府からわずかの〝帰国お祝い金〟をわたされて成田空港に放りだされたも同然の帰国者たちは、日本人でありながら日本の生活習慣やことばがまったくわからなかった。一日の猶予もならない生活苦からの脱出には、なによりも日本語と精神的な援助が必要だった。

ところで「中国の会」にあつまってきていた若者たちが、いまのべたような品行方正な（?）青年ばかりだったかというと……竹内の著作や言動に魅かれてきた者が多かっただけに、おおむね思慮深かったが、ときには有象無象特有のうっぷんが破裂しないでもなかった。さすがに、事務所の日記にはこまかく記されていないが、折にふれてもよおされる安酒の席で議論が激し、テーブルをひっくり返してあわや乱闘という場面もないではなかった。その場にいた大学生のひとりは「まるで玉《ぎょく》を抜かれた梁山泊の客人どもだ」と、コップ酒をあおりながら自嘲気味になげいたものである。

事務所は竹内と橋川のごく親しい知友にも開放されていた。たとえば、すでに評論家として活躍していた松本健一や、川本三郎が中心となって五、六人の「明治文学研究会」がはじまったのは、七三年十月からである。会の日記には「ふだん読む機会のない、明治時代の文学・思想書を読み続ける」とかかれていた。

「中国の会」の事務所は七五年三月でとじたから、かれらは一年有半、会にかよったことになる。事務所日記（一〇冊目）の最後の記事は、特徴のある松本の鉛筆文字でおわっている。

三月二十八日（金）　四：三〇　松本健一　本をとりにきました。お金をここにはさんでゆきます。……五：〇〇　オマワリさんが、三菱ビル爆破犯人の写真と、爆弾の写真とをもって、知っているでしょうか、と聞きにきました。どうしてオレのいるときに来るんだろ。

松本は二〇一四年、これからが仕事盛りだという年齢で早すぎる死をむかえた。いまこれを書きうつしていて、一度じっくり二人で話をしてみたかったとおもう。

竹内中国語教室

中国文学者の竹内が、東京都立大学の教授時代（後述するが、竹内は一九六〇年、安保条約強行採決に抗議して都立大学に辞表を提出した）に中国語を教えたのかどうか、わたしは寡聞にして知らない。

だが「中国の会」の事務所において、あしかけ六年にわたって人知れずつづけられた竹内好中国語教室では、わたしは〝お茶くみ〟として傍聴できる栄に浴したのだった。

この表現は大げさではなく、わたしは今でも、竹内教室の生徒（のお茶くみ）であったことは、〝千載一遇〟の機会に巡りあわせたのだと思っている。本物の中国にであうための、もっとも信頼できる語学学習の一端をおそわったのだから。

竹内の教室は、一九六九年十一月から七四年三月まで開かれた。初期の受講生は橋川文三（明治大学教授）、鶴見和子（上智大学教授）、市井三郎（成蹊大学教授）の三氏だったが、途中から石田雄（東京大学教授）、判沢弘（日本近代史研究家）、大家明子の各氏が参加した。

授業はまず、現代中国の思想のリズムにふれるため毛沢東の『老三篇《ろうさんぺん》』からはじまった。竹内好篇『現代中国文』のアンソロジーをへて、倉石武四郎『支那語語法篇』へと本格的な学習にすすみ、テキストも多様になっていく。魯迅、巴金《はきん》、茅盾《ぼうじゅん》、朱自清《しゅじせい》、謝冰心《しゃひょうしん》などの作家の個性的な文章を、おおきな声をだしてよみ、口頭で翻訳していくのである。

鶴見和子は「竹内教室では会話はやらない。読むことに重点をおく。しかし読むことには音読がふくまれるので発音の訓練はきびしい。母国語でも外国語でも音声学の基礎から教えるべきだというのが、竹内さんの持論である。」（「中国語おそ学び」『コレクション鶴見和子曼荼羅Ⅶ』藤原書店、一九九八年）と回想している。

事務所日記から、判沢弘初参加の日の記述を抜きだしてみよう。

〔七三年〕八月十一日　竹内基礎中国語教室　集中講義（第一日目）参加者　竹内、橋川、市井、石田、判沢、鶴見、岸田〔五郎。編集者〕、仲、中村

九時開始の予定が九時四〇分になる。先生は早めにきているのに、怠慢な生徒多し。初参加の判沢さん、発音がかなり上手なのに市井、鶴見両先生、意外の色を隠さず。判沢さん‥一週間ほどムスコに特訓をうけました。

音〔節〕表の説明から伊沢修二の言語学論（音楽、語学、体育の一体化）まで。個々人の発音指導、単語（字）の歴史など、竹内先生奮闘される。途中一五分ほど休憩、午後一時まで学習しました。

学習後、鶴見さんが北米（？）〔トロント大学〕に行かれるに際し、ビール、赤ワインでさゝやかなお別かれパーティ。〝私はむこうで中国人に教えていただくの！〟と中国語学習への更なる意欲をみせました。

さすがの先生も四時間に近い授業で疲れたのか、市井さんと判沢さんが〝西郷の坂本暗殺説〟をめぐって激論（？）を闘わせている最中に、今朝、事務所に届いたデッキチェアに横たわって、あくびなどされていました。橋川、石田両先生は何ごとにつけ半歩の間をおき、

終始冷静に半日を過されたようです。

【注釈——竹内教室は夏季に三日間の集中講義をおこなった。そのさい事務所で自主的に中国語をまなんでいる若者組の数人にも、参加がゆるされた。岸田以下三人が、そうである。竹内は中国語について少なからず文章をのこしており、とくに『中国』連載後にまとめた『中国を知るために 第二集』（勁草書房、一九七〇年）が参考になる。伊沢修二のこともでてくる。】

橋川は竹内中国語教室のいわば「級長」だったが、竹内が亡くなった七七年の『みすず』（八月号）に、かなりながいエッセイ「竹内好中文の思い出」をのせた。そこに授業中の竹内のようすを彷彿とさせる叙述がある。

竹内さんはまた呼吸と中国語発音についてもいわれたことがある。たとえばtaの発音練習が行われる。その時、竹内さんの容貌と発声はまるで別人のようで、そのつどのすがたが今も眼の前にうかぶようである。竹内さんはまず姿勢を正し、ゆっくりと腹式呼吸の模範を示し、それからかなりな大声で「ター」と発音される。それは「タハー」というふうにきこえる。そしてそのあと、中国人の呼吸法がどんなものか、日本人のそれがどんなものかを説明される。ともかくその時の姿は私には忘れられない印象である。ここにはたしかにある別の存在に似た竹内さんの真剣な姿があるという印象である。

橋川はべつのところで、こうもいっていた。

雑誌『中国』はいろいろなことを私に教えてくれたが、実は私にとってもっとも多く重要なことを教えてくれたものは、……竹内好さんから中国語の手ほどきをしてもらったことであった。それは……一種の開眼の体験とさえいえるもので……いくらか飛躍的にいえば、中国語学習によって、私ははじめて日本近・現代史の勉強にとりかかれるという展望をかいま見たように感じた。（『順逆の思想――脱亜論以後』の「あとがき」、勁草書房、一九

雑誌『中国』（竹内好責任編集）

七三年）

教室の末席をけがしていた〃お茶くみ〃のわたしもまた、「たしかにある別の存在に似た竹内さんの真剣な姿」をみた。そして歴史にたいする〃一種の開眼〃を体験した。竹内好の背後には果てしれぬ遠大な中国大陸が揺曳《ようえい》し、さらにその深層から、日本文化にたいするかれの確固たる信念がつたわってきた。

竹内中国語教室は七四年三月で休会した。生徒の学力に差がでてきたから、という竹内のことばが事務所日記にしるされている。代々木の事務所をひきはらい、竹内が『魯迅文集』の翻訳に専念しはじめる、ちょうど一年前のことである。

【第一章】「大東亜戦争」と竹内好

「満州事変」から「支那事変」へ

本書は、中国文学者竹内好の感性と思想と行動の軌跡《あと》を、かれの後半生に師とあおいで接したわたしの感想をまじえながら綴っていこうとするものである。

人の文学と思想をかたろうとするとき、なによりも逸することのできないのが青春の体験である。竹内は一九一〇年から一九七七年まで、邦暦でいえば明治四十三年から昭和五十二年までの六十六年の生涯に、三たび戦争を体験している。かれの青春は現代日本の戦争の歴史とともにあった、と言っていいだろう。「満州事変」（一九三一年九月十八日・二十歳～）、「支那事変」（一九三七年七月七日・二十六歳～。日中戦争とも呼ぶ）、「大東亜戦争」（一九四一年十二月八日・三十一歳～。太平洋戦争とも呼ぶ）である。補充兵として実際に中国大陸に従軍したのは、大東亜戦争だけであったけれども……。

現実の戦争は若い竹内の内なる文学をいかに刺激し、どのように作用したのか。以下、かれみずからの日記や著作品に具体的にせまりながら、まず竹内と戦争についてじっくり追究していきたい。

二十歳のとき、一九三一(昭和六)年の九月十八日夜、中国東北部(満州)の柳条湖で南満州鉄道の線路が爆破された。いわゆる「満州事変」の勃発である。日本の関東軍参謀、石原莞爾《かんじ》らによる作戦が実行され、それをきっかけに日本軍の中国侵略が本格化していった。

その年の春、大阪高校を卒業して東京帝国大学文学部支那文学科に入学していた竹内は、事変翌日の日記にこう書きとめている。

……本日曇りてむし暑し。夜雨。本日朝刊にて昨日来満州に日支軍の衝突あるを知る。北支の風雲漸《ようや》く急なるか。諸株安くして郵船のみ高し。

このころから芥川龍之介の『支那游記』などを読み、総合雑誌の記事から支那問題研究の必要を痛感し、支那語の速成講習会にかよいはじめるなど〝日支〟の具体的な動向に積極的な関心をふかめていく。『支那小説集』(「国際プロレタリア叢書」四六書院、一九三一年)所収の魯迅の『阿Q正傳』(林守仁訳)を読み、その「ユモレスクなるに感心」(日記)したのも、このころのことである。

翌一九三二年の夏、外務省の文化事業として朝鮮・満州の学生団体見学旅行(一行八名)が計画され、これに参加した。朝鮮各地を経由して長春（関東軍支配下の満州国では「新京」と呼ばれていた）、大連まで旅行する。その後、自費で十月まで北京に滞在し、家庭教師について中国語を勉強した。詳しくは後述するが、そのころ孫文の『三民主義』を読んで深い感銘をうけ、北京の風物・人物にも魅了され、「私の中国との結びつきは、このときにはじまる」（「孫文観の問題点」『思想』一九五七年六月号）ことになった。

数年をへずして、東大同窓の武田泰淳らと本格的に「中国文学研究会」を設立（一九三四年）、魯迅（本名＝周樹人《しゅうじゅじん》）の弟の周作人《しゅうさくじん》（北京大学教授）たちを日本に招いて歓迎会を主催したり、また研究会誌の発刊にも奔走した。そしてさらなる中国語研修のために再度の北京留学の準備をすすめていたとき、満州事変から六年後の一九三七年七月七日、北平《ペイピン》（北京）郊外の盧溝橋において〝宣戦布告なき戦争〟といわれる「支那事変」、すなわち日中戦争が勃発したのである。

「中国文学研究会」の同人たちに召集令状が届きはじめる。同年十月、竹内は武田泰淳の出征を見送った翌日、二年にわたる北京留学に出発した。

支那事変は当初、そのころ「支那」と呼ばれていた中国の、北部地域での軍事衝突という意味で「北支事変」と呼ばれた。竹内の「北京日記」（一九三七年）から、関連する記述を抜きがきしてゆけば――

七月八日（木）

〔中国文学研究会〕例会。武田の話よし。少数。〔七日〕北支事変発生。……

七月十三日（火）

外務省へ行く。〔留学出発は〕見合わせの由。この数日、北支事変をめぐり物情騒然、前例を見ず。雑誌社まで言論統制。常の出兵に似ず。……

八月一日（日）……本日、終日疲れ睡る。北支戦事《ママ》拡大、止むところを知らず。……

九月十一日（土）……

出征の旗も吹かるる野分かな。

　はためけり野分かな。

九月二十九日（水）

本日、日華学会高橋氏より電話にて外務省の許可が下りたりと通知あり。大に爽快なり。

こうして竹内は北京留学を果たす。しかし事変後の日本陸軍の横暴は日ましにつのる一方で、八月には第二次の上海での戦闘が本格化、十二月には南京を占領、日本軍は非戦闘員を含む多数の中国人を殺傷し、国際的に大きな非難を受けた（南京事件）。

そんなか、竹内は三八年の初夏、北京に佐藤春夫と保田與重郎の一行を迎え、半月あまり案内・接待の日々をおくっている。保田は旧制大阪高校時代の同窓で、同校の出身者が同人主体だった文芸誌『コギト』の同人であり、すでに『日本の橋』や文芸評論集などを公刊するなどして活躍していた。竹内は『コギト』に寄稿はしていないけれども……。

〔一九三八年〕六月一日（水）

五月十五日（日）。雨の中を佐藤春夫、同龍児、保田与《ママ》重郎の三氏、中日実業の全崎氏に伴われ来る。十四日着の由。之より本日に到るまで案内にて寧日なし。佐藤春夫先生、病気になられ一週間同仁病院入院。一昨日退院。……一日、周〔作人〕、銭、徐の諸先生をも招き、一夕の宴を催す。……

かの子を恋しがる

ところで北京での竹内の生活は、その日記から読書と放蕩に明けくれる日々が想像される。とくに文芸誌に掲載された日本の現代文学を耽読したようで、「北京日記」からは岡本かの子への傾倒ぶりがうかがわれる。

〔一九三八年〕十二月十九日（月）……

日曜日〔十二月十八日〕……『週刊朝日』をよむ。一日よんだ。岡本かの子、驚嘆するほどうまい。『中央公論』の「老妓抄」とこの「越年」と二つとも感じた。ほかのはあまり面白くなかった。……

本日〔十九日、月曜〕……『新潮』一月号を送ってきたので早速かかった。これでも岡本かの子の「家霊」面白く、これで三つ目なり。さえざえとしたものがあって、前の二作と同様味わってよみたくなる作品なり。何と云うことなくて純粋で、あっぱれ才女と云うほかなきか、感にたえずと思った。芹沢《せりざわ》光治良、いやな奴と思う。……

〔一九三九年〕七月二十六日（水）

……北京堂で岡本かの子の『鶴は病みき』と林芙美子の『清貧の書』を買う。いずれも新潮社の文庫。

……七月二十六日午前三時半。

寝れぬまま、この手紙を書きます。〔以下、ある女性への手紙に仮託したものか〕……床についてから、今日買った岡本かの子の『鶴は病みき』をよみました。「鶴は病みき」を最初によみました。芥川竜《ママ》之介を書いたものです。怕《おそろ》しい気がしました。胸の中がうつろになったような気がしました。この怕しさから寝れなくなり、つづいて「花は勁し」をよみました。この方は岡本かの子らしい一面のやすらかなものでした。ああこうまで岡本かの子さんを恋しがっても仕方ないと知りながら、恋しがるのは何としたことでしょう。「鶴は病みき」が怕いのは芥川竜之《ママ》介が怕いのもありますが、またこの怕さをあれほどまでに喰入ってとらえた岡本かの子さんが怕いのです。この感じは、谷崎潤一郎を書いた、「ある時代の青年作家」（?）に一寸共通したものです……この二作はどちらも芥川竜之《ママ》介の作家の一面、とくに自己を書いたものに共通する感じがあります。すきとおった感じです。岡本さんが芥川竜之《ママ》介を尊敬し、ライバルとして闘ってきた有様がわかるような気がします。『巴里祭』の献辞の意味もわかります。したが「鶴は病みき」は何とした作品でしょう。腹の中が何もなくなってぺしゃんこにへこんでしまった感じです。いらいらし、もどかしがりながら手がとどかぬ感じです。岡本さんは、或いは人は、なぜこんな作品を書かなければならないのでしょう、と思うような感じです。女にいのちあり、女のいのちに繫《つなが》りあり、そのいのちの流れによって脈を生む女の河の地図からいえば……《原文ママ》「集散離合の姿は必〔ず〕しも卒爾ではなささうだ」。なぜ岡本さんはこんなにも悲しくも勁いのでしょう。……

七月二十七日（木）

昨夜、岡本かの子をよみ暁方になる。「鶴は病みき」の怕しい観念に囚われたのである。十一時起床。……

三九（昭和十四）年の春、父親が急死したため、竹内は十月には北京留学をきりあげて帰国することになる。二十九歳になっていた。

帰国後、主宰する「中国文学研究会」発行の『中国文学』は五〇号をかぞえたが、原稿の集まりはわるかった。竹内は回教圏研究所の研究員としてはたらくかたわら、「東洋思想叢書」の一冊として日本評論社と『魯迅』の出版契約をむすんだ。だが日本国家の戦時体制はなだれをうって中国侵略への道を突きすすみ、ついに国家総動員法による帝国ぐるみの戦闘態勢が公布される。

十二月八日の宣戦布告

一九三九年九月、ヨーロッパではドイツがポーランドに侵攻して第二次世界大戦の火ぶたが切っておとされた。四〇年の夏には日本・イタリア・ドイツが三国同盟を結成、十月には日本国内に大政翼賛会が発足する。そして四一年十月に東条英機戦時内閣が成立、二ヵ月後の「十二月八日」、アジアにおける日本の覇権を封じこめようとするアメリカ・イギリスに対して、天皇の「宣戦の詔書」が宣布されたのである。

「宣戦の詔書」の骨旨は、つぎのようなものであった。（新字・新かなに直し、句読点を打ち、難読の字によみ仮名を付した。……は引用者の省略、〔　〕内は引用者の補註）

天佑《てんゆう》を保有し万世《ばんせい》一系の皇祚《こうそ》を践《ふ》める大日本帝国天皇は、昭《あきらか》に忠誠勇武なる汝有衆《なんじゆうしゅう》に示す。朕茲《ちんここ》に米国及《および》英国に対して戦《たたかい》を宣《せん》す。朕《ちん》が陸海将兵は全力を奮《ふるっ》て交戦に従事し、朕《ちん》が百僚有司は励精、職務を奉公《ほうこう》し、朕《ちん》が衆庶は各々《おのおの》其《そ》の本分を尽《つく》し、億兆一心、国家の総力を挙げて征戦の目的を達成するに遺算《いさん》なからんことを期せよ。……今や不幸にして米英両国と釁端《きんたん》を開くに至る、洵《まこと》に已《や》むを得ざるものあり、豈《あに》、朕《ちん》が志《こころざし》ならんや。中華民国政府、曩《さき》に帝国の真意を解せず、濫《みだり》に事を構えて東亜の平和を攪《かく》乱し、遂《つい》に帝国をして干戈《かんか》を執《と》るに至らしめ〔いわゆる支那事変を生じさせ〕茲《ここ》に四年有余を経たり。……米英両国は〔重慶の〕残存〔国民党〕政権を支援して東亜の禍乱を助長し平和の美名に匿《かく》れて東洋制覇の非望《ひぼう》を逞《たくまし》うせんとす。……事既《ことすで》に此《ここ》に至る。帝国は今や自存自衛《じそんじえい》の為《ため》、蹶然《けつぜん》起《た》って一切《いっさい》の障礙《しょうがい》を破砕《はさい》するの外《ほか》なきなり。……

御名御璽《ぎょめいぎょじ》

昭和十六年十二月八日

平静に読み、もしくは静かに聴けば明らかなように、この「詔書」の内容は、米英に対して直接、宣戦布告しているというよりは、むしろ日本国内の軍人・民衆（すなわち衆庶）に向けての、行きづまった支那事変打開のために米英との開戦にふみきった事由を釈明し、よって陸海の将兵は全力をふるって交戦に従事せよという、軍事命令書というのが適切であろう。

民族解放の戦争

竹内は当日の日記に、つぎのように綴っている。

〔一九四一（昭和十六）年十二月八日（月）の竹内日記より。三十一歳〕

学校〔京北実業で教えていた〕があるので朝早く起きた。洋服を着て一寸《ちょっと》二階にいると、七時のニュースで日米西太平洋に開戦の臨時ニュースがあったと云う。いよいよやったかと思いながら学校へ行く。それでもすぐ重大のようには考えなかったが、教員室のラジオが次第に詳しい報道を伝えてきた。本夜明けに、フィリッピン、ハワイ、マレーに一挙に軍事行動開始、規範《ママ》の雄大さ、偶発的でない計画性がはっきりした。午後〔回教圏〕研究所へ行く。本日十一時対米、英宣戦の大詔が下ったことを知った。はるかに予想を超えている。壮烈なものを身に感じる。

「十二月八日の大東亜宣言」が発せられたというニュースの話をきいて、竹内は「いよいよやったかと思」った。心中に期するところがあったのであろう。そして宣言とほぼ同時に日本軍が遂行した、雄大な規模と計画性による真珠湾急襲、マレー攻略の〝大戦果〟の報に、おおくの日本国民は歓呼し、浮き足だち、竹内もまた「壮烈なものを身に感じ」た。

〔十二月十一日〕回教圏〔研究所〕でも毎日時局に関する討論が盛《さかん》である。戦争遂行の決意は今や全国民一致している。これは明《あきら》かであるが、細部に亘《わた》っては議論が分れる。支那事変に何か気まずい、うしろめたい気持があったのも今度は払拭《ふっしょく》された。支那事変は今度こそは立派に生きた。野原〔四郎。回教圏研究所同僚〕君、とにかくこの戦争は進歩的な戦争だと云った。たしかにそうであると思う。これを民族解放の戦争に導くのが我々の責務である。

米英に対する宣戦の大詔の内容は、竹内にとっては予想をはるかに超えた壮烈なものであった。東洋に孤立する日本軍が、西方最強の米英連合軍に奇襲をかけて決戦をいどんだのである。挙国一致の戦争遂行である。だがその戦いの細部にわたっては議論がわかれる。「支那事変に何か気まずい、うしろめたい気持があった」のだ。日本は支那に侵略し、弱い者いじめをしているのではないか——しかし今度の米英への宣戦布告は、その思いを拭いさった。支那事変は今度こそ、立派に生きたのだ。弱い者いじめではなく、大東亜共栄圏の理想に五族〈和〈日〉・韓・満・蒙・漢

〈支〉の五つの民族〉の共和を夢見て、これを大東亜の民族解放の戦争に導くのが自分たちの責務である――満州事変いらい十年ちかい長年月、非正義の戦いに疑問を感じ鬱屈しつづけてきた竹内、三十一歳。壮年の精神が解放されたかのような、冷静であろうとする興奮が、日記の文面から伝わってくる。

十二月十三日、午後、戦争に処する方策協議のため〔中国文学研究会の〕同人会を開く。……増田〔渉〕、千田〔九一〕はあまり発言せず。武田〔泰淳〕は考をもっているがやはり自分と少しちがう。生き延びるために戦争をやるので理窟を云っても駄目だと云う。自分の考を述ぶ。一月号に宣言を書くこと、とにかく反対ではないと云う

十六日、『中国文学』一月号〔第八〇号、一九四二年一月一日発行〕の宣言〔「大東亜戦争と吾等の決意（宣言）」〕を書く。

竹内好の「（宣言）」

予想だにしなかった天皇の「大東亜宣言」の内容――対米英への宣戦布告、と同時に進行した陸海軍による真珠湾攻撃およびマレー上陸戦の〝大勝利〟は、竹内の鬱屈しつづけてきた戦争感

情に透明な開放感の火をつけた。厳しく危険な検閲をかいくぐってでも、日本で唯一の「中国文学研究会」を主宰する者として、また東洋日本の国民として、黙しているわけにはいかない。帝国日本と軍部にたいして、吾《われ》らの心中を「(宣言)」する、いや吾ら自身にたいしても自己を闡明《せんめい》する、今こそ絶好の機会である——。

では、そこでなにを「(宣言)」するのか？　竹内の決意はこうである。そこには、よくもわるくも、良心を持した民族主義者竹内の真面目《しんめんぼく》が吐露されている。すこし長いが、ほぼ全文を引用するほかない。竹内理解の必読史料である。

大東亜戦争と吾等の決意（宣言）

歴史は作られた。世界は一夜にして変貌した。われらは目《ま》のあたりそれを見た。感動に打《うち》顫《ふる》えながら、虹のように流れる一すじの光芒の行衛《ゆくえ》を見守った。胸《むな》ちにこみ上げてくる、名状しがたいある種の激発するものを感じ取ったのである。

十二月八日、宣戦の大詔が下った日、日本国民の決意は一つに燃えた。爽かな気持であった。……何びとが、事態のこのような展開を予期したろう。……戦争は突如開始され、その刹那、われらは一切を了得した。一切が明らかとなった。天高く光清らに輝き、われら積年の鬱屈は吹き飛ばされた。……

率直に云えば、われらは支那事変に対して、にわかに同じがたい感情があった。疑惑がわれらを苦しめた。われらは支那を愛し、支那を愛することによって逆にわれら自身の生命を支えてきたのである。支那は成長してゆき、われらもまた成長した。……支那事変が起るに及んで、この確信は崩れ、無残に引き裂かれた。過酷な現実はわれらの存在を無視し、そのためわれらは自らを疑った。余りにも無力であった。現実が承認を迫れば迫るほど、われらは退き、萎えた。舵を失った舟のように、風にまかせてさ迷った。……現実はあまりにも明白かつ強力で、否定されようがない。われらは自身を否定するより仕方なかった。ぎりぎりの場所に追いつめられて、ひそかにただならぬ決意を胸に描いたこともある。……くよくよと思い煩い、一も行動に出ることなく、すべてのものを白眼《はくがん》に視《み》た。……われらは、いわゆる聖戦の意義を没却した。わが日本は、東亜建設の美名に隠れて弱いものいじめをするのではないかと今の今まで疑ってきたのである。

わが日本は、強者を懼《おそ》れたのではなかった。すべては秋霜の行為の発露がこれを証《あ》かしている。国民の一人として、この上の喜びがあろうか。今こそ一切が白日の下にあるのだ。……東亜に新しい秩序を布《し》くといい、民族を解放するということの真意義は、骨身に徹して今やわれらの決意である。……われらは、わが日本国と同体である。見よ、一たび戦端の開かれるや、堂々の布陣、雄宏の規模、懦夫《だふ》をして立たしめるの概があるではないか。この世界史の変革の壮挙の前には、思えば支那事変は一個の犠牲として堪え得られる底《てい》のものであった。支那事変に道義的な苛責を感じて女々しい感情に耽り、前途の大計を見失ったわれらの如きは、まことに哀れむべき思想の貧困者だったのである。

東亜から侵略者を追いはらうことに、われらはいささかの道義的な反省も必要としない。敵は一刀両断に切って捨てるべきである。われらは祖国を愛し、祖国に次いで隣邦を愛するものである。われらは正しきを信じ、また力を信ずるものである。

大東亜戦争は見事に支那事変を完遂し、これを世界史上に復活せしめた。今や大東亜戦争を完遂するものこそ、われらである。……この戦争を真に民族の解放のために戦い取ると否とは、繋《つなが》って東亜諸民族今日の決意の如何にあるのだ。

……東亜を新しい秩序の世界へ解放するため、今日以後、われらはわれらの職分において微力を尽す。われらは支那を研究し、支那の正しき解放者と協力し、わが日本国民に真個の支那を知らしめる。われらは似て非なる支那通、支那学者、および節操なき支那放浪者を駆逐し、日支両国万年の共栄のため献身する。もって久しきに亙《わた》るわれら自身の腑甲斐ない混迷を償い、光栄ある国民の責務を果たしたいと思う。

〔一九四一年十二月十六日執筆、四二年一月『中国文学』第八〇号掲載、無署名。……は引用者の省

略〕

引用の二段落目までと四段落目以降は（本文の四分の三にあたる）、軍情報部による〝検閲向け〟文体だと、わたしにはうつる。その一端が、まちがいなく竹内の軽々には表現しきれぬ民族的思想につながっているにしても、後年、自身で解説しているように、この「いまから見ると面はゆいような美文調の、勇ましいといえば勇ましい文」（「中国を知るために・第九十九　季語」、一九七二年九月）は、竹内本来の思想からしぼりだされた文体とは思われず（ほぼ一年後に書きおろした『魯迅』の文体と比較すれば、判然としよう）、そこには検閲官による反軍・反国家の烙印からのがれるための、全体に自己卑下をよそおった、やや韜晦気味の茶化した言いまわしがあると見るべきではないだろうか。

「近代の超克」（一九五九年）論文において、日清・日露以来の「開戦の詔勅」を比較し、「大東亜戦争」の詔勅の内容が他とおおきくことなり、「総力戦」「永久戦争」「肇国《ちょうこく》の理想」のほかに「世界制覇」の目標が読みとれると、竹内は述べている。「大東亜戦争」とはそのような、民族の未来を賭けた戦《いくさ》であったということであろう。

「大東亜戦争と吾等の決意（宣言）」で竹内がもっとも訴えたかったのは引用第三段落目、「率直に云えば、……」から「今の今まで疑ってきたのである。」までの部分に違いない。

わたしはしかし、いまここで竹内の「決意」について云々《うんぬん》しようとは思わない。わたしたちが今現在、人間《ひと》として直接に「十二月八日の宣戦の大詔」を目にして感じたとおなじに、〝素《ありのまま》〟で「(宣言)」を読み、声にしてたどり、そしていまひとたび眼でゆっくり吟味する——やがておもいは、浮きあがってきてそのまま消えてゆくことばと、ふたたび沈潜して紙背に膠着してゆくことばに分かれ、それから……竹内の真諦が静かに語りかけてくるはずである。

〝賭け〟のゆくえ

「(宣言)」は無署名であったが、戦後になって、何人かの中国研究者たちによって問題視された。中国文学者竹内実《みのる》の「使命感と屈辱感——民族的責任の視点」(『現代の発見・第三巻』春秋社、一九六〇年)や、ゾルゲ事件でスパイとして処刑された尾崎秀実《ほつみ》の弟で、評論家の尾崎秀樹の「大東亜文学者大会について」(『旧植民地文学の研究』普通社、一九六三年)などである。

あるいは京都派哲学者の真下信一は、「(宣言)」の文言をとりあげて「これはある中国文学者が侵略戦争の「大東亜戦争」へのエスカレーションに遭遇して、当時のある中国文学研究誌の巻頭に書いた「大東亜戦争と吾等の決意（宣言）」からの抜粋である。私にはこの「秋霜」(この『宣言』中のことば)の決意の表明も、「時局とか戦争とかいう締め木にかかって、いよいよとなって声を出」した「自分自身の言葉の身づくろい」のようにしか思えない。」(『思想の現代的条件』岩波新書、七二年）と書いた。

それに対し竹内は「（宣言）」の筆者が自分であることをみずから明かして問題を普遍化させ、さらにまた『現代の眼』（一九七二年二月号）の「少数異見」欄に匿名で載った「かの竹内好にして、このような空疎な美文に、解放と侵略を混同した抽象的ナショナリズムの昂揚した気分を塗りこめることしかできなかったということに、筆者はある種の苦い感慨を禁じえないのである。」「いかに無署名論文とはいえ、代書屋のする文筆技能の切り売りとはわけがちがう」との文章に対して、『代書屋』とか『身づくろい』とか、善意に見せかけるそういう解釈にだけは、私は異議を申し立てたい。」とひかえ目に反論したあと、つぎのように断言する。

他人がどう受けとろうと、それはその人の自由だが、私本人は一度だって心にないことを書いた覚えはない。すべての言語表現は自分の血肉とともにあり、その責任は一生つきまとうと考えている。この宣言だって例外ではない。

私はあの宣言を、雑誌〔『中国文学』〕編集の責任者として書いた。書くからには、むろん、相当の熟慮があった。しかし最後は決断、すなわち賭けである。あの宣言を書いたのがよかったか悪かったか、賭けは成功したか失敗したか、この判定は私をながく苦しめた。真下さんはあの文を「実感の吐露」と受けとっておられるが、あんな文が実感で書けるわけがない。

自分流の政治判断にもとづいて相当の手練手管がほどこしてある。成否は別として。
いまなら簡単にいえることだが、あの宣言は、政治的判断としてはまちがっている。徹頭徹尾まちがっている。しかし、文章表現を通しての思想という点では、自分ではまちがっていると思わない。他人にどう断罪されようとも、私はあの思想をもったまま地獄へ行くほかない。

（「中国を知るために・一百　謎」一九七二年十月）

ところで「(宣言)」を書くにあたり、竹内は何を「決断」し、何に「賭け」たのだろうか？熟慮のすえ「詔書」にのっとって、みずからのうちに米英に宣戦することを「決断」したのであり、それを世界に宣言した帝国政府および軍部、さらにその総体を統《す》べる天皇が、大東亜共栄圏という日本民族の理想を実行することを信じ、それに自分を「賭け」ることによって、みずからすすんでこの戦争に参加したのだと、わたしは思う。

その「賭け」の行くすえは、支那事変いらいの軍部の動向から予見はされるものの、支那はむろん米英をまきこんだ戦局は、「事既《ことすで》に此《ここ》に至」っていたのだ。一介の中国文学研究会会員にできることは――。「(宣言)」は十二月十六日に書きあげられ、翌年一月の『中国文学』(八〇号)の巻頭に掲載された。無署名だったのは検閲を考慮してのことだったのだろうか。「決断」と「賭け」の成否は、戦後におよぶまでの長い年月、竹内を苦しめることになる。

中野重治の文学に突きとばされる

一九四一年十二月八日の体験は、三十一歳になったばかりの独身の竹内に〝戦争と文学〟という深刻なテーマをつきつけた。同年の夏、日本評論社の「東洋思想叢書」の一冊として武田泰淳は『司馬遷』を、竹内は『魯迅』を執筆することになり、ふたりともその準備にとりかかっていた。また竹内は五年前（一九三六年）の魯迅急逝のおりすでに、『中国文学月報』二〇号に魯迅の「死」を翻訳し、「「死」付記」を書いていた。（なお『中国文学月報』は、一九四〇年四月の六〇号から『中国文学』と改名した。）

ここで、十二月八日以降の竹内の精神的動向をみておこう。

> ちかごろ思うこと、三十年の生涯の空しさである。いったい何をしてきたか。何もして来なかったのである。……これからはもっと胸を張り、自信にみちた行動をしたい。戦争を行う決意に負けないように、潔い行動をしたいと、それればかり考えている。／それで、この機会にもう一度改めて支那を見てきたいと思っている。……
>
> （「後記」『中国文学』一九四二年一月号）

小生近く渡支するかもしれません。実現すれば（目下交渉中）月末に発って北京へ行き上海を廻って三月中旬戻ります。戦争によって小生心境に変化を生じ、再出発のため一度支那を見て来たいのと、友人から頼まれた仕事と、回教関係の調査を兼ねています。

（四二年一月上旬・松枝茂夫あて書簡）

――僕の旅は〔一九四一年〕十二月八日に発足している。それを実行に移したのが〔四二年〕二月十二日であり、〔太原・開封・上海・蘇州・杭州・上海を経て〕帰ったのは四月二十七日であった。

――そうした日の一日、僕は中野重治の「斎藤茂吉ノート」を読み、突きとばされた心を、はっきり形にして感じた。……この二、三年、これほど感動を受けた書物は、他になかったような気がした。道を歩いていても……大地が足許から崩れるような、目まいのような感覚がして、無力感は決定的になった。そのような無力感は、実は中野重治の無力感からの影響なので、僕自身の影響を受けやすい性質を計算に入れても……中野重治の無力感というものは、実に恐れるべきものなのである。

……〔中野の〕無力感は、自己を無力と観ずることによって、全き存在となって相手の心に生きる種類の無力感なのである。……文学とは、そのようなものである。……自己を無にすることによって、相手の心に生きるという、ある種の行為なのである。

……十二月八日以後、十二月八日以後《ママ》の文章を僕らが書いたか、書かなかったか。少なくとも中野重治のように書かなかったろう。全く別の意味であるが、保田与重《ママ》郎の（「万葉集の精神」の）ようにも書かなかったろう。僕らは、極言すれば、周囲に一指も染めていぬ。……十二月八日を、今日まで、僕らは実現しなかったばかりでなく、実現しようとすることに怯懦でさえあった。

（「旅日記抄」『中国文学』四二年十一月号）

竹内が読んで、「突きとばされた」感じをもった中野重治の『斎藤茂吉ノート』について、戦後まもなく中野が書いた「選集版はしがき」（筑摩書房）から、中野が自分のノートをどう思っていたか、引用しておこう。

これを本にしたときはすでに太平洋戦争がはじまっていた。太平洋戦争は一九四一年十二月八日にはじまり、わたしはあくる九日に検挙され、本は四二年春出ることになったから、わたしの筆は縮んだうえ誤りをも書くことになった。しかしここではすべてそのままに残すこととした。……

全体を見ればわかるように、最後の「ノート十三」からがわたしの書くべきことであった。

しかし検挙されたままわたしにはそれが書けなかった。……
わたしは、特別の事情のもとで書いただけにこのふつつかなものに思い出をもっている。茂吉その人に、一九四〇年六月になってはじめて会ったことなどもその一つである。「茂吉断片」は淡路の洲本で書いているが、そのとき泊っていた家の主人青木政一がそのあくる年大阪憲兵隊で殺されたことなどもその一つである。しかし何もかも今は元のままで版にするほかはない。一九四八年一月

（中野重治『斎藤茂吉ノート』）

竹内にもどる。

大東亜共栄圏の建設が現実的に進行するにつれて、さまざまな角度から将来の理想が論議されていることは、まことに喜ばしいことである。われわれは歴史を作りつつあるという自覚に立っている。

（「東亜共栄圏と回教」『支那』四二年七月号）

大東亜戦争が、支那事変を世界史的構想の中に生かしてくれたことは、私たちにとって、何とも云いようのない、ありがたいことである。凡眼《ぼんがん》に測られなかった構図の大きさを、歴史の創造者の実践を通して、はっきり教えてくれた。

私たちにとっては、歴史の書き換えにも等しかった。支那事変から大東亜戦争への発展の歴史的必然さについては、今日、私たちにとって、国民心理の黙契といったものが成り立っていて、いささかの疑いを挿《さしはさ》むことも許されない。疑いが予想されぬほど、私たちは誇り高く、自信に満ちている。ただありがたいと思うだけである。

（「新しい支那文化」『国民新聞』東京版、四二年九月二十四日〜二十九日）

「十二月八日」の「大東亜戦争」への〝旅立ち〟いらい、〝賭け〟への不安をかかえつつも、竹内は京都大学の世界史学派による世界史的構想にも心うごかされる。そして一年がすぎさった。政府や軍部の動きにおのれの信念をかさねあわせていくうち、竹内の心中に現実と思想との齟齬が生まれはじめる。そこにはいっぽうで魯迅の文章を原文で読み、魯迅論を書きはじめていたことと、強い関連があったはずである。（「第二章」参照）

もうひとつ、いわゆる京都〔大学〕の世界史学派ね。これは十二月八日です、四一年の。これも発見なんですよ。……十二月八日の前に座談会やって、十二月八日があって、その後になって〔『中央公論』の新年号に〕出てくるという形になるわけですね。いちばんきわどい、分のわるいかたちで活字にされたわけだ。それなのに、ある種の予見性があるんだ。それは

「世界史的立場と日本」という座談会、あれは二回か三回やった。第一回がそれに載ったんですよ。世界史学派にひかれた理由というのはそれだけなんだ。世界史の変革というふうなワク組みの中に説明できるような形で、あの座談会は持たされたわけで、それはあのハワイ攻撃を説明しているわけじゃないんですよ。

……結果として〔京都学派の〕西田〔幾多郎〕哲学はかなり読むことになった。私の書いた『魯迅』には、その影響が出ているんです。しかし、わりと早い時期に熱からさめた、というか、やっぱりちがうというふうに思いはじめた。……戦争の末期に、末期というと私が兵隊にとられる〔四三年十二月〕前ですけど、批判を少しずつ書き出しているわけです。

（インタヴュー「わが回想」『第三文明』一九七五年十、十一月号）

大東亜共栄圏への疑問

京都学派への批判、「世界史的立場と日本」への疑義は、つまり大東亜共栄圏構想に根本的なうたがいを抱くことである。日本と支那は一体となって米英と戦い、西欧の侵略からアジアを解放する——それが「大東亜戦争」の理念のはずだが、現実の日本政府の対支政策や陸軍の侵略的行動からすれば、その理念は日本人の勝手な思いこみであって、支那人はまったくそう考えてはいないのではないか、という竹内のうたがいである。

「蒙疆の印象」（『蒙古』一九四二年八月）という文章に、「僕もやはり事変に興奮していたのである」と書いている。四一年の「十二月八日」があり、竹内は「決意」を書いてみずからの精神として「大東亜戦争」に参加し、国家や軍の動向に〝賭け〟た。だが四二年の春から夏にかけて東京が空襲をうけはじめ、ミッドウェー海戦で大敗してから、戦局はいっきょに不利になり、太平洋の島々から日本軍が撤退を開始する。当時、それらの事実は日本国民に秘されていた。しかし竹内は、米英と戦うという大東亜戦の理念は堅持しつつも、政府・軍・国家を信ずるという〝賭け〟に疑問をいだきはじめる。『国民新聞』紙上（四二年九月二十四日～二十九日）において、検閲にひっかからぬよう婉曲に、韜晦な文体で、国家の共栄圏思想へのうたがいを表明し、根底的な批判をしはじめるのである。

さきに冒頭を引用した「新しい支那文化」の文章（69～70ページ）は、つぎのようにつづく。

〔支那事変から大東亜戦争への発展の歴史的必然さ、という〕私たちにとって明確極まりないこの同じ事実が、しかし、支那人一般にとっても、私たちと同じような明確さに意識されていると考えるのは、恐らく間違いである。

支那事変から大東亜戦争へ、更にそれを貫いて流れる大東亜共栄圏の理念といったものは、私たちが暗黙の中に頷《うなず》きあうのと同じ形のものを、支那人に要求するのは無理である。大東亜戦争によって、私たちは、知るべくして知らなかった支那事変の真の意義を、身に沁みて覚らされた。否応なかった。闇を貫く光芒のように、ただちに核心を照破した。このことから推して支那人一般も、支那事変をそのものとして私たちと同じように理解し直したと想像することはむしろ甚だしく危険である。

大東亜戦争によって、支那人もまた衝動を受けたことは事実である。しかしその衝動の受け方は、私たちの場合とは、かなりちがった色彩と方向において受けたのである。この衝動の受け方の食いちがい、東亜共栄圏の理念に対する相手の無理からぬ分からなさ、その分からなさから逆に、私たちは、私たちの受けた衝動の非常に特殊的な国民的感動であることを読みとり、その国民的感動が、特殊的であるがために、そのままの形では相手に通用しないことの意味も覚えるのである。

一口に云えば、支那人は、大東亜戦争を支那事変の延長と考えている。

私たちが、大東亜共栄圏の、説明を絶した明らかな映像に投射したものとして大東亜戦争を考え、その大東亜戦争への投影として支那事変を見直すときに、彼らは、彼らの民族運動の延長であると考える支那事変の、更に延長が大東亜戦争であるという風に考えるようである。

……

建国とは、民族の統一、その国民的結成ということが、少なくとも一つの根本の眼目である。従って〔南京と重慶の国民政府の〕いずれの側も孫文の正統な後継者をもって自らを称するのである。

民族主義の解釈に当って、大アジア主義を採るか、排外主義を採るかによって主張が分れるだけである。民国革命以後、国民革命を経て支那事変に到るまで、独立の国民国家の結成という目標は、支那民族のやみがたい願望となって一貫して流れている。その延長の上に、支那事変はある。

……

新しい支那文化は、それが真に新しいと云われるためには、従って旧国民政府の文化理念と平面に対立するものではないためには、従って大東亜共栄圏を担う国民文化に昇華するためには、単に支那という国土に成立するだけでなく、……言葉を換えて云えば、日本文化を包括した、もしくは媒介としたものでなければならぬ。日本の側から主観的に云えば、大東亜共栄圏を規範とする日本文化が、その全身を支那文化に没入することによって、自らを鍛えられた輝きあるものとしてそこから引き出す過程において、対照的に支那文化をそれ自体に新しい支那文化たらしめるようなものでなければならぬ。具体的に云えば、歴史と民族の解釈のし直しから始めねばならぬ。

日本文化を解体せよ！

ほぼ全文を引用せざるを得なかったのは、竹内好が大戦のまっ最中に、大胆にも、あらけずりではあるが大東亜戦争による帝国日本の解体論を一般誌に発表していた、という重要な事実が存在するからである。しかし今日まで、それを指摘した現代史家も、中国文学研究者も、ただのひとりとして居なかったと思われる。戦後に、そのことに言及した評論家も見ない。

なにが重要か？

まず、検閲の眼をくぐるために、わざと文旨を混乱させるわかりにくい文体で書かれている竹内の文章を、整理しなければならない――

十二月八日の詔勅に、われわれ日本人は支那事変から大東亜戦争への世界史的必然を見て感動した。しかし支那人一般も、日本人と同じように意識し感動したと考えるのは間違いであり、またそれを支那人に要求するのも無理である。日本の大東亜戦争への突入は、支那人も衝動を受けたであろう。しかしその衝動の受けかたは、われわれと異なる。われわれは米英を撃破することによって支那および東亜を解放しようと考えているが、支那人は、大東亜戦争は支那事変の延長なのであり、すなわち五四運動以来のかれらの民族運動――支那民族のやみがたい願望である独立した国民国家の結成こそが、支那人が戦いつづける目的なのだ。

言葉をかえていえば、支那という国土に成立させようとする「新しい支那文化」は「日本文化を包括した、もしくは媒介としたもの」でなければならぬ。それを日本の側から主観的に、真摯に考えるなら、日本文化の全身を支那文化と一体化させるものでなければならない。つまり日本文化と支那文化の、歴史と民族の、解体と再生——解釈のしなおしから始めるほかはない——。

もっと直截にいうなら、この大東亜戦争を機に大日本帝国を解体させ、新しい支那文化と一体化した日本文化を新生せよ、というのである。これが、しだいに敗色を増してゆく一九四二年頃の、大戦まっただなかに竹内がたどりついた「大東亜戦争」論なのだ。竹内の「大東亜戦争の完遂」は、そこに行きつくはずであった。

いま一度くりかえすなら、日本が支那事変のどろ沼からぬけ出せぬまま、竹内は十二月八日の世界史への解放を体験し、それゆえ精神的存亡を賭けてみずから大東亜戦争に身をなげた。そしてその戦争体験のなかで竹内は、支那人と日本人の〝戦争目的〟の相違に、同じ東洋にありながら西洋的近代と化しさり、支那を支配下に置こうとする日本民族の〝誤まり〟に、鮮烈に、急速に覚醒していったと考えられる。

竹内の思考の変遷は、「新しい支那文化」（四二年九月）につづく一連の文章に、如実に表面化してくる。

それはたとえば「大東亜文学者大会について」（四二年十一月『中国文学』第八九号）、「現代の支那文学」（四三年三月『月刊文章』）、「『中国文学』の廃刊と私」（四三年三月『中国文学』第九二号）、「現代支那文学精神について」（四三年七月『国際文化』第二六号）、さらに四三年七月の『揚子江』（第六巻第七号）に発表した「支那研究者の道」などである。

いまそれらのなかから、竹内の止むに止まれぬ発言の部分を、いくつか列挙しておこう。

――〔昨年（一九四二年）大東亜文学者大会が開かれたが、少なくとも支那との関係では失敗だったと思う。〕現実の支那の文化的な荒廃さというものは、ほとんど虚無に近いもので、思うだに戦慄を禁じ得ぬ底《てい》のものであるが、その相手の肉体的な苦しみを余所《よそ》にして軽い気持ちでお祭り騒ぎをやったことに、心ある日本文学者の仕打にあるまじい情けなさを覚えるのである。……思いやりなくして何の文学ぞ。……今日、心の通わぬ形式的な儀礼のために、わが文学を犠牲にし、わが愛する相手を傷《きずつ》けてまで世俗と妥協することは……それは十二月八日の冒瀆とさえ私には思える。……

支那が文学的に虚無であるというのは、第一に文学者がおらぬということである。支那事変以来、大多数の文学者は漸次奥地へ逃れた。……第二に、……〔残った連中は〕事変とともに多く文学活動を停止している。……つまり沈黙によって彼らの文学精神を表白している……第三に、新しい文学運動は起っておらぬ……現代の支那文学は、荒涼として一片の虚無である。……

文学がないということは文学精神がないということにはならぬ。支那は凋死した民族ではない。……それは、しかし形象を欲せず、むしろ形象を拒否することによって己を生かす文学精神である。……彼らは、現われたものとしての現代支那文学を軽蔑し、かかる支那文学を後生大事に担ぎ廻る一部の日本文学者を嘲笑しておる。その文学精神に強いて形象を与えれば恐らくわれわれにとって好もしからぬ形象を生むにちがいない、それは文学精神である。しかし……ことさらそれに向かって目を閉じ、真の実在からすれば架空の存在に過ぎない形象だけを問題とするならばそれは私たちが日本文学を生きる正しい態度とはならぬ。それは文学における十二月八日の実現への道とは逆である。

……今日の支那文学の真の伝統の精神は、見かけの現象とは著しく対照の傾向にある。その真実を真実として把《とら》えるのでなければ、世界観的立場で真剣に立ち向かうのでなければ、解決は期せられぬ。私は、支那文学精神の痛ましさに直入することが日本文学の唯一の生き方であると思う。……だが、そのためには自らを失う危険も覚悟せねばならず、自己保身的な世俗の超克がまず内部の問題となる。かくて支那文学の課題はただちに日本文学の課題であり、自らの生死を賭した試練となるのである。

（「現代の支那文学」）

――大東亜戦争は世界史の書き換えであると云われている。私は深くそれを信ずる。それは近代を否定し、近代文化を否定し、その否定の底から新しい世界と世界文化を自己形成してゆく歴史の創造の活動である。この創造の自覚に立ったとき、私たちははじめて自己の過去を見、その全部を理解することが出来た。中国文学研究会を、それが正しきがゆえに狭しとする立場がそこから生まれた。中国文学研究会は否定されねばならぬ。つまり現代文化は否定されねばならぬ。現代においてあるヨーロッパ近代文化の私たち自身への投影である。……私は、大東亜の文化は、日本文化による日本文化の否定によってのみ生まれると信じている。

（「『中国文学』の廃刊と私」）

――現代支那を「近代」として把えるのでなければ、現代支那の種々の問題は理解されないのではないか。……ことに大東亜戦争以後、日本の世界史的立場と、従って東亜共栄圏建設の歴史的必然さが全貌を現わし、その主体的役割を私たちが自覚として持つに到って、つまり、近代が超克さるべきものとして、否定の対象となったがために、今日その全体の意味が私たちに明らかとなったのであろう。……

……現代の支那民衆の第一の念願は、私の信ずるところでは、彼らの近代を貫くことである。つまり国民的統一を完成することである。云い換えれば彼らの現代文学を描くことである。

る。仮に私たちの大東亜文化の理想がこの方向に背馳するものであるとするならば、私たちは彼らの協力を求め得ぬだろう。
（「現代支那文学精神について」）

『支那革命外史』は予言の書

以上、数本の時事評論的な文章においても、竹内は改めて明確に、支那と日本の戦争の目的・方向が文学的に異なっていることにふれている。

さて当時、三十四歳の竹内がもっとも精魂をこめて取り組んでいたのは『魯迅』の執筆であった。どうにか書きあげて日本評論社に「覚書」の原稿をわたしたのは、一九四三（昭和十六）年十一月九日。まるでそれを見越したかのように、十二月一日に陸軍から召集令状がとどく。

竹内は出征以前にかいた最後の一文で、日本の支那研究者は二・二六事件で刑死した北一輝の『支那革命外史』を読むべし、と強く推薦する。標題は「支那研究者の道」（『揚子江』四三年七月）である。その大要は――

……一九四三年四月、北支派遣軍〔総司令官の岡村寧次《やすじ》少将は、敗戦処理時の日本軍代表〕は『国民政府〔の〕参戦と北支派遣軍将兵』と題する小冊子を北支軍全将兵に配布したが、それを読んで私〔竹内〕は感動した。

理由の第一は、この冊子が「大東亜建設の課題を精神の問題として、何よりも文化の問題として把《とら》えていたことで、「大東亜共栄圏の思想建設こそ大東亜戦争の始めにして終り」とまで言い切っていることである。本冊子は北支軍将兵に読ませるために編まれたものだが、全日本国民が読むべき書である。なぜなら「誤《あやま》れる優越感を以て中国人を劣等視」し「中国の独立国家たる権威とその誇り」を傷つけ、そのような支那観を日本国民に植えつけ、日支の「真の提携」を阻んできたものこそ、これまでの支那研究者だからである。

感動した理由の第二は、そのような誤まれる対支文化事業の深刻な反省が「他人を責めるのではなく、あくまで自己の責任として……述べ」られている態度である。「……華北においても、真に中国人の模範たり得ない一部の日本人が、ただ単に日本人であるといふ誤れる優越感に起因し、不遜な態度を以て中国人に臨んだ者は居なかったか」……。

学問における「誤れる優越感」をもって中国人にのぞんだ支那学者の例として、竹内は大正時代の「高名な学者」内藤湖南《こなん》をあげている。「私は、支那学者の九割までが、湖南もしくは湖南以下であることを確言する。」と。

そして次の段落で、実はここまでは「支那研究者の道」の「前置き」（全体の四分の三）であると、手のひらを返すように突然、主題を提示する。本冊子は「私たち支那研究者の学問的反省の糧」

ではあるが――

……これに関して私は、一人の例外的に優れた日本人の著述を想い出す。それは北一輝の『支那革命外史』である。この書物こそ、私たち支那研究者の座右を離してならぬ書物であると私は信ずる。それは日本人の血で書かれた、支那研究の鑑《かがみ》である。それは予言の書である。予言の書とは……時勢の推移とともに、隠れていた言葉の意味が現われ、読むたびに感銘が新しいということである。

竹内は、同書の詳しい紹介は別の機会にゆずるとして、湖南の『支那論』と同じころに書かれながら、湖南とはまったく逆に支那をいかに学問的に正しく見ているかを証する北の短句を例示する。

「支那は十年前の支那にあらず、十年前の先入見より演繹《えんえき》を事とする吏僚と支那通との触れ得る所は只《ただ》支那の表皮にして、武漢の一挙に亡ぶべき程に腐爛頽廃《ふらんたいはい》せる亡国階級なり。」

「否定の自由と破壊の自由とを以《もっ》て仏蘭西《フランス》が革命したる如く支那は革命しつつあり。」

「一九一一年以後の支那は此《こ》の興国魂《こうこくだましい》の或《あるい》は顕現し或《あるい》は潜伏する過渡期として察すべし。」

「……統一的要求といふ本体……」

「笑ふべき支那人崇拝論者よ。（軽侮論者たるべき奴隷心の故《ゆえ》に崇拝論者たる者よ。）」

「……支那に対する軽侮観が欧米崇拝と同根なる奴隷心に基《もとづ》く……」

「白人投資の執達吏か東亜の盟主か。」

「同文同種と言ひ唇歯輔車《しんしほしゃ》と言ふが如き腐臭紛々たる親善論……」

「……日本の対外策の根本的に革命さるるなくんば両国の親善興隆《しんぜんこうりゅう》断じて望むべからざるを知らん。」


これらの北のことばを挙げたあとに、竹内はつぎのように論をとじる。

歴史が人類の罪悪の浄化であるならば、私たちは、自らの手で誤れる支那研究を書き改めることによってのみ、大東亜共栄圏の盟主たる新しい世界史的な日本を築くことが出来るだろう。「太陽に向かって矢を番《つが》う者は日本其者《そのもの》と雖《いえど》も天の許さざるところなり」という確信は、『支那革命外史』の著者とともに、今日私たち支那研究者の信念である。

後年、竹内は「支那研究者の道」について、つぎのように回想している。

兵隊にとられる前に京都学派の批判を少しずつやりはじめるんですが……たぶんあのときは北一輝との比較かなんかですよ。北ならば免疫だから北をいくらかついだって軍も何もいわないから、北をかついでね。ちょうど北支軍の布告が出たんですよ。北支派遣軍の誰とかが、兵隊に教訓をたれているんだ。支那と仲よくしろとかね。それに託して書いたというような記憶があるわけなんだ。

あの布告はたいへんいい。いまの論壇でこれだけのことをいえるやつはいない。それにひきかえ高坂〔正顕《まさあき》・京都大学教授〕はだめというふうにいったと思うんだね。

（インタヴュー「わが回想」）

「支那研究者の道」に「京都学派」や「高坂」は、一字も出てこない。十二月八日の大東亜宣言以降、京都大学の〝世界史派〟哲学が一世を風靡していたなかで、かれらを批判することがいかに危険で困難だったかは、すでに「新しい支那文化」の文体解釈のところでふれた。

「支那研究者の道」では、竹内はよりいっそう巧妙に、京都学派の「高名な支那学者」で「誤《あやま》れる優越感を以て中国人を劣等視」した大物、内藤湖南を俎上にのぼせ、さらに日支の「真の提携」を阻んできたこれまでの支那研究者の本質を、軍情報部の検閲に免疫のある北一輝の言説を借りて串刺しにしたのである。

『魯迅』（覚書）を書きあげた竹内好は、一九四三年（三十三歳）の師走に召集令状を受けとる。十二月二十八日、中支派遣独立混成旅団の補充兵として、中国湖北省に配属、広東—漢口間の沿線警備にあたった。小さな戦闘場面に遭遇したものの、敵は殺さなかった。体力はよわく、行軍でよく落伍し、上官になぐられ、病気にも苦しんだ。

二年後、四五年八月十五日、岳州（湖南省岳陽の旧称）で敗戦をむかえ、現地で召集解除。四六年六月に品川に復員、埼玉県の浦和に帰る。そして敗戦後の物質的混乱と精神的虚無のまっただなかで、「復刊」していた『中国文学』の例会に毎回出席しつつ魯迅を再読、やがて戦後論壇の気鋭の評論家として、確固とした足場をきずいていった。

【第二章】『魯迅』から国民文学論へ

青春の北京の街で

竹内好がはじめて中国大陸のつちを踏んだのは一九三二（昭和七）年夏八月、二十一歳、東大生のときである。前述（48ページ）したように外務省の文化事業として朝鮮・満州の学生団体見学旅行（一行八名）が計画され、参加したのだった。

籍は東京大学支那文学科にあったものの、本気で中国文学をやる気はなく、中国そのものにもたいして関心はなかったらしい。

ところが、たまたま行きついた北京で、そこの風物と人間とが私を魅了した。期限がきても私は日本へ帰る気になれなかった。家にせびって追加の旅費を送ってもらって、寒くなるギリギリまで単独旅行者として北京に居残った。そして毎日あてもなく街をほっつき歩いた。私の中国との結びつきは、このときにはじまる。

（「孫文観の問題点」『思想』一九五七年六月号）

あてもなく街をほっつき歩き、本屋にぶつかるととびこんで新刊の文学書をあさり、財布のゆるすかぎり買いこんだ。わずかながら持っていた中国の既成概念が、実際の目で見る民衆生活の状態とあまりにかけ違っていたので、ショックをうける。

そのころから竹内の文学観の根底には、「……文学は一民族の生活感情の総和であるという命題が、自明の前提としてあった……」（同前）。たまたま露店で、商務印書館版の一冊本『三民主義』をみつける。中国人の〝国父〟であり、初代中華民国臨時大総統だった孫文との出逢いである。

……最初に買った孫文の著作は、この一冊本の『三民主義』だった。そして北京滞在中に読んで、深い感動を受けた。……自分が新しい未知の世界へ導き入れられたことを感じた。……その感動の性質を強いて説明しようとするならば、中国人の生活からどうしてその文学（思想と形式）がうまれるか、あるいは文学がどういう生活的地盤の上に成り立っているか、その私の疑問が『三民主義』を読むことによって一挙に解けた、……ということにかかわっているらしい。私はまるごとの中国人をそこに感じた。

（同前）

孫文から魯迅、毛沢東へ

中国革命の先駆者孫文は、中華民国（一九一二年成立）の建設者である。一八六六年、中国南方の広東省に生まれ、かつて日本に亡命したおり中山樵《なかやまきこり》と名乗ったことから、中山《ちゅうざん》と号し、中国では今日も「孫中山」と尊称されている。

「三民主義」とは、一九二四年の一月から八月にかけて広州でおこなわれた孫文の、三回にわたる連続講演を整理、活字化したものである。民族主義（民族の統一と国家の独立の理想）・民権主義（人民主権の説）・民生主義（人民の生活権の主張）の三つの部分を総合して「三民主義は救国主義である」と、孫文は主張した。とうじ西欧帝国主義の浸食下で亡国の危機に瀕していた中国を救うべく、疾呼《しっこ》・挺身したのである。

しかし、その途上「革命、なおいまだ成功せず」のことばを残して、北京に客死する。同時代の文学者魯迅は孫文の実践精神をたかく評価し、つづく毛沢東は共産主義をとりいれて「三民主義」を「新民主主義」へと発展させていき、ついに一九四九年の中華人民共和国成立へとみちびいてゆく。

「〔孫文は〕一生を通じて連帯を日本人に呼びかけた」（「孫文観の問題点」、以下同）が、「日本は、中国へ不平等条約を押しつけることを交換条件として、西洋からの不平等条約撤廃をかち取ったのである。」「……明治の精神は、自由民権をふくめて、われわれがノスタルジアを感ずるほど純粋だったわけではない。やはり孫文の「大アジア主義」を、孫文の真意をねじまげて侵略の口実に利用する後年のあくどい手口を、萌芽としては含んでいたと考えるべきであろう。」と、竹内は書いている。

一九二四年十一月二十二日、孫文は上海を出港し、新政権樹立のために北京にのりこむ途中、神戸にたちより、二十八日、神戸高等女学校において数千人の聴衆にむかい「大アジア主義」を講演した。かれは日本と中国との連帯にふれ、「日本民族は既に一面、欧米の文化の覇道を取入れると共に、他面、亜細亜の王道文化の本質を有している。今後日本が世界の文化に対して、西洋覇道の犬となるか、或は東洋王道の干城《たて》となるかは、日本国民の慎重に考慮すべきことである。」（孫文「大アジア主義」）と説いたのである。しかし日本では弱者（中国）の泣き言とうけとられた。翌年三月、孫文は北京で客死、中国では民族革命のシンボルとして名声がたかまってゆくが、日本ではその死をさかいに忘れられていった。

竹内は「孫文観の問題点」に、こうかいていた。

一九四三年の春に中国文学研究会を閉じてから、私は『魯迅』の著作にかかり、それを書きおえたあとで『三民主義』を訳すつもりで、東洋経済新報社と出版契約もしていた。しかし赤紙が来て、この計画は実現しなかった。

こんにち、竹内訳の『三民主義』を眼にすることができないのは残念である。現在、手にはいりやすいのは岩波文庫版の安藤彦太郎訳『三民主義』上・下（一九五七年）だが、それを補完する深町英夫訳『孫文革命文集』（岩波文庫、二〇一一年）は、孫文研究のみならず中国文化理解のための必読書だと、わたしは思う。

岩波文庫『三民主義』の「いかにして民族の地位をとりもどすか」から、おわりの部分を引用しておこう。「中国の民族主義」（岩波講座『現代思想』第三巻、一九五七年）で、おなじ個所を竹内もとりあげている。

孫文の『三民主義』を読んでここにさしかかるたびに、わたしはいつも現実の中国政治に思いをはせる。そして、わが日本民族の希望はいずくにあるのかと、考えこまざるを得ないのである。

——中国がもし強大になったら、われわれは民族の地位をとりもどすだけでなしに、世界にたいして一大責任を負う必要がある。もし中国がこの責任を負えなかったならば、中国が強大になったところで、世界にとって大した利益はなく、むしろ大きな害になるのである。それでは、中国は世界にたいしてどんな責任を負う必要があるのか。いま世界の列強があゆんでいる道は、ひとの国家をほろぼすものである。もし中国が強大になっても、同様にひとの国家をほろぼし、列強の帝国主義をまね、おなじ道をあゆむとしたら、かれらの仕損じた跡をそのまま踏むのにほかならない。それゆえ、われわれはまず一つの政策、すなわち「弱いものを救い、危いものを助ける」ことを決定する必要がある。それでこそ、われわれの民族の天職をつくすというものだ。われわれは弱小民族にたいしてはこれを助け、世界の列強にたいしてはこれに抵抗する。全国の人民がこの志をしっかりさだめてこそ、わが民族は発展できるのである。この志をしっかりさだめぬかぎり、中国民族には希望がない。われわれは、こんにち発展しない以前において、「弱いものを救い、危いものを助ける」という志をしっかりさだめておく。そして将来、強大になったとき、こんにち身に受けている列強の政治・経済の圧迫による苦痛を思いおこし、将来の弱小民族もこういう苦痛をもし受けていたならば、われわれはそんな帝国主義を消滅してしまわねばならぬ。それでこそ「治国・平天下」〔国を治めて、天下を平《たい》らかにす〕といえるのだ。

（安藤彦太郎訳『三民主義』上、岩波文庫）

おいしい菓子はあとで

ところで、竹内は小学生のころから、うまい方の菓子はあとに残しておく質だったらしい。つまり読書においては、よみたい、よまねばならぬとこころに決めた本をよむのは後まわしにして、どうでもいい本のほうにさきに手を出す。そのためよまねばならぬ本をよむことができなくなり、よまなくてもいい本をむやみに沢山よむことになった。定評ある名作でなく、名もない作家の名もない小説がどれくらい忘却の底に沈んでいるか……「私の精神が負っているこの無名作家たちの恩寵に、私はいつの日か感謝を表したいと思っている。」(「無名作家たちの恩寵」)

例外は高畠素之《たかばたけもとゆき》訳『資本論』、黒岩涙香《くろいわるいこう》翻案『巌窟王』、山本有三の戯曲「生命の冠」をよんだときである。高畠訳はよむのにひと夏かかったが、マルクス主義の目のウツバリがとれ、論理というもののおそろしさにほとんど戦慄した。『巌窟王』では、途方もなくひろい原っぱへ不可思議な力にさそわれて出ていくような冒険のよろこびを感じた。そして中学にはいって、人生問題に悩んでいたときに光をあたえてくれたのが「生命の冠」だった。――「まぶしいような光であった。私は厳粛感に打たれ、心で祈った。そのときから文学が私にとって価値あるものになった。」(同前)

もちろん、それだけではない。竹内は少年のころから芥川龍之介に、その文章の技法にではなく精神を学ぶべきだと思っていた。作品よりエッセイのほうが好きで、一時は芥川のよんだ本を全部よもうと企てたこともあった。

のちに魯迅をやるようになったとき、魯迅がやはり芥川を気にしていたことを知る。そして「魯迅の理解に一つの手がかりを得たように」おもう。「魯迅もまた美の使徒である。そして芥川がしたとおなじように、美をただ美としてでなしに、美と信とのせめぎあいの本源の場所でとら

えようとした点で両者は一致していた。」（「芥川全集に寄せて」一九五四年）

また竹内は戦争中の一時期、一九四〇年ごろから四三年（三十歳から三十三歳）にかけて、太宰治の熱心な愛読者だったことがある。太宰の一種の芸術的抵抗の姿勢、文体のあたらしさが、竹内の目には彼だけが戦争便乗のながれによく反逆しているように映った。

ところが竹内が『魯迅』をかいて出征し、四六年に復員してのち、太宰が若き魯迅を主人公にしてかいた小説『惜別』をよんで唖然とする。「彼だけは戦争便乗にのめり込むまいと信じていた私の期待をこの作品は裏切った。太宰治、汝もか、という気がして、私は一挙に太宰がきらいになった。……私と太宰の縁は絶えたのである。」（「太宰治のこと」一九五七年十二月ほか）

太宰の『惜別』は昭和十八年に、内閣情報局と日本文学報国会の依頼で書きおろした国策小説である。小田嶽夫の『魯迅伝』、竹内の『魯迅』（刊行後、太宰に贈呈された）、あるいは魯迅の小品「藤野先生」（翻訳）などを換骨脱胎して、仙台留学時代の実像とはへだたった魯迅像をえがく。『惜別』の終わりちかくで、「私〔太宰〕は彼〔魯迅〕の後年の厖大な著作物に就いては、ほとんど知るところが無い。それゆえ、所謂大魯迅の文芸の功績は、どんなものであったか何も知らない。」とうそぶくいっぽう、小説中の日本人の同級生に「日本は、あいつ〔魯迅〕に立派な学問を教え込んでやって帰国させせなければ、清国政府に対して面目がない。僕たち友人の責任も、だから、重大なんだよ」と語らせる。

太宰は情報局に提出した「『惜別』の意図」（昭和十九年春ごろ）なる一文に、こう書いていた。

——魯迅の晩年の文学論には、作者は興味を持てませんので、後年の魯迅の事には一さい触れず……中国の人をいやしめず、また、決して軽薄におだてる事もなく、所謂潔白の独立親和の態度で、若い周樹人〔魯迅の本名〕を正しくいつくしんで書くつもりであります。現代の中国の若い知識人に読ませて、日本にわれらの理解者ありの感懐を抱かしめ、百発の弾丸以上に日支全面和平に効力あらしめんとの意図を存しています。

敗戦後、湖南省から復員してきた竹内は、巧妙に中国人を見くだしたこの小説を読んで「いい気なもんだ」とはげしく落胆したのである。

日本人文学者、竹内好の苦衷を察するにことばがない。

『魯迅』——骨のきしみ

さて、わたしが日本評論社版竹内『魯迅』（一九四四〈昭和十九〉年十二月発行）を最初によんだのは、一九六八年から六九年にかけてのころだと思う。うろおぼえだが、いずれにしろ「中国の会」にたむろし始める前後にちがいない。しかし竹内『魯迅』には、文章をなんどかよみ返しても、著者の言いたいことがすぐには呑みこめない箇所が少なくなかった。解りにくい文体だという印象がつよく、当初はくりかえし読んでも馴染めなかった。〝難解〟におもわれた。

竹内は一九四一（昭和十六）年五月（三十歳）に、日本評論社と『魯迅』の出版契約をむすんでいる。

日本は中国・東南アジア戦線（いわゆる支那事変）を拡大しつつ、十二月八日には対米英に宣戦を布告した。すでに述べたように、竹内は十六日「大東亜戦争と吾等の決意（宣言）」をじぶんたちが編集する雑誌『中国文学』に発表、ほぼ半年ののち中野重治の『斎藤茂吉ノート』をよんでその韜晦した抵抗精神に衝撃をうける〔第一章参照〕。四三年（昭和十八年・三十二歳）二月に『魯迅』の執筆をはじめ、十一月九日、原稿を日本評論社にわたす。そして十二月一日に召集令状をうけ、その年のうちに補充兵として湖北省に配属されたのだった。

私は、自分の中国文学専攻の立場から、魯迅に関する興味は十年来持ち続けている。魯迅がわたしにとって一つの鍵であること、もしかすると取りかえしのつかぬ重要な鍵であることを漠然と感じ、その感じは私を怯懦《きょうだ》にし、そのため私は魯迅に関して今なおおずおずとしか口をきけない。今度はじめて魯迅の文章を通読したのであるが、……今までぼんやりした形で感じていた魯迅の像は引裂かれた。魯迅は、ある決った二三の言葉で云いきるためには、あまりに身近にいる気がする。私はいきおい、決定的な言葉を吐けぬことの云いわけだけをくどくど述べることになりそうだが……覚書を覚書のままで書き出さねばならぬのは苦しい。

（「伝記に関する疑問」『魯迅』）

私において、魯迅は一個の強烈な生活者である。骨髄までの文学者である。魯迅文学の厳しさが私を打つ。ことに最近になって、私は自分を省み、周囲を眺めるとき、以前気のつかなかった面が見出されて、胸を衝かれることが多い。魯迅の厳しさが、容易ならぬ厳しさであったと今さら思い深まるのである。それが如何にして可能になったかを私は知りたいと思う。彼は何によって文学者たりえたのであるか。私は、わが身に引較べて、それを学びたいと思う。魯迅が如何に変ったかでなく、如何に変らなかったかが私の関心事である。彼は変ったが、しかし彼は変らなかったのである。いわば私は不動において魯迅を見る。（同前）

最初、竹内『魯迅』のどこがわたしには〝難解〟だったのか。たとえば――

魯迅の見たものは暗黒である。だが、彼は、満腔の情熱をもって暗黒を見た。そして絶望した。絶望だけが、彼にとって真実であった。しかし、やがて絶望も真実でなくなった。絶望も虚妄である。「絶望の虚妄なることは正に希望と相同《あい》じい。」絶望も虚妄ならば、人は何をすればよいか。絶望に絶望した人は、文学者になるより仕方ない。何者にも頼らず、何者も自己の支えとしないことによって、すべてを我がものにしなければならぬ。

（「政治と文学」『魯迅』）

文学は無力である。魯迅はそう見る。無力というのは、政治に対して無力なのである。……「文学文学と騒ぐ」こと、文学が「偉大な力を持つ」と信ずること、それを彼は否定したのである。文学が政治と無関係だと云おうとするのではない。……政治に対して文学が無力なのは、文学がみずから政治を疎外することによって、政治との対決を通じてそうなるのである。……真の文学とは、政治において自己の影を破却することである。

（同前）

すでに出征以前に、三十三歳の竹内は、後年「中国の会」とりきめ暫定案（123ページ参照）でかかげた「政治に口を出さない」という文学観を、魯迅をとおして見出していたのである。『魯迅』の創元文庫版（一九五二年）「あとがき」で、竹内はのべている――「私は『魯迅』を書くことによって私なりの生の自覚を得た」――と。そしてその一年後には、こうもかいているのだ。

魯迅との出あいは、私にとって、幸福な事件ではなかった。出あいそのものが幸福でなかったし、結果も幸福でなかった。もしも私が、そのとき、不幸でなかったら、私は魯迅と出あわなかったかもしれない。私の不幸が、私に魯迅を発見させた。私は魯迅を知ることによって、幸福にはならなかったが、自分の不幸について「知る」ことはできるようになった。それは、幸福になることよりも、私にとっては「なぐさめ」であった。……たとい不幸でないにしても、魯迅にふれれば、いやでも不幸になる。なぜなら、魯迅は、私たちが自分の腐肉を直視することから少しでも目をそらそうとするのを許さないからだ。

……

世界が病んでいるとき、自分だけが健康であることはできない。日本の全体が病んでいるとき、私たちひとりびとりだけが、幸福であることはできない。

（「読者へ」『魯迅入門』東洋書館、一九五三年）

中国文学研究会の同人だった武田泰淳は、『魯迅』の「創元文庫版解説」（五二年）にこう記した。――「全般的に、よほど丹念に魯迅の著作を読んでいない限り納得できないような説明不足の性急さが、本書にはふくまれている。そしてその部分にこそ、本書の執筆期の竹内の、切迫した精神状態がよく伺えるのである。……全身的に巨大なる他者と直面した男の、表現上の貴重なる混乱は、顔面の充血と四肢の武者ぶるいと共に、筆者内面の骨のきしみを痛々しく、我々につたえる。……」

竹内が〝幸福でなかった〟のはなぜか？　〝不幸〟とはなにを指すのか？——青春時代を、日本人が犯している日中戦争（満州事変・支那事変・大東亜戦争）という背徳の行為の渦中にすごした竹内は、中国人である魯迅という文学者にであい、みずからも人間として魯迅の苦悩をわがものとすべく、真の文学をもとめたのだ。〝戦争と文学〟を体感していなかったわたしに竹内『魯迅』が〝難解〟であったのは、当然だったというほかない。

国民文学とはなにか

出征前に書きあげた『魯迅』は、竹内の青春の総決算の作品であった。中国から復員後、竹内はいま一度魯迅をよみかえして出直そうとする。そしてそこから、後進国の近代化にふたつのタイプがあり、日本と中国は異質であるという、ひとつの仮説がうまれた。

その仮説を自分でたしかめるために、『現代中國論』（市民文庫58、河出書房、一九五一年）や『日本イデオロギイ』（筑摩書房、一九五二年）がかかれた。そして竹内は、この課題は思弁的にでなく実践的に説かれねばならず、たんなる解釈ではなく日本人の思想改造と、それにつながる自己改造が必要だとかんがえるようになった。こうして生まれた一連の文章が『國民文學論』（東京大学出版会、一九五四年）である。

文芸評論家の本多秋五は「国民文学論は、竹内好の『近代主義と民族の問題』（五一年九月）という論文によって口火を切られた。」（『物語戦後文学史・完結編』新潮社、六五年）とのべ、また竹内とは同志的な友人関係にあった日本文学史研究家の小田切秀雄は、ある対談のなかで大要つぎのようにかたっている。


――竹内さんは『魯迅』をかいて五、六年後に国民文学論を説いたが、とうじの日本は朝鮮戦争における米軍の前進基地であり、事実上の占領は〝講和〟後もなお当分つづくという状態にたいする国民的な反発が、いろいろなかたちで出てきていた。

そのころには日本共産党も、しだいに反米独立の路線へ傾斜し、文学面でも民族解放の文学としての国民文学という論が、さかんにとなえられるようになった。

（前田愛との「解説対談」、『竹内好談論集Ⅰ』蘭花堂、一九八五年）


そのような状況のなかで〝国民文学論〟を提唱することによって、竹内は日本の社会や知識人になにを訴えようとしたのだろうか。少しかれのいうところに、耳をかたむけてみよう。

竹内はまず、中国の例をひく。

中国文学についていえば、文学者が自分で特権を否定していくという、一種のナロオドニキに似た運動があって、それが国民文学の発生のために、地盤を掃除した。その代表的人物が魯迅である。

（「中国文学の政治性」一九四八年七月）

中国の近代文学が、国民的統一の願望に貫かれていることとは、「アジアの典型的ナショナリズム」の国柄として当然のことである。中国人のもつナショナリズムの心情は、文学においてじつによくあらわれている。それは一種の悲哀感として、また諦念として、あるいは絶望として、また憤怒として、様々な現れ方をしているが、帰するところは国家的独立と国民的統一への祈念である。その祈念の深さと文学の価値とが、ほとんど背馳していない。それが今日では伝統化されている。

（「ナショナリズムと社会革命」五一年七月）

ところが、

日本が今日、独立を失っている、他国の隷属下におかれている、という事実を認めないものの「日本人」は、ごく少数の例外をのぞいて、おそらくいないだろう。隷属はイヤだ、独立したい、と念願しないものも、少数の例外をのぞいて、おそらくいないだろう。……現状がつづくかぎり、隷属感はだんだん私たちの肉体にしみてゆき、独立の念願はますます内側から高まっていくにちがいない。……もっとも一部に、かえって隷属をよろこぶ風潮があることは、事実として認めなければならない。

（「文学における独立とはなにか」五四年）

〔日本において〕たとい「国民文学」というコトバが〔戦争中に提唱され〕ひとたび汚されたとしても、今日、私たちは国民文学への念願を捨てるわけにはいかない。それは階級文学や植民地文学〔裏がえせば世界文学〕では代置できない、かけがえのない大切なものである。それの実現を目ざさなくて、何のなすべきものがあるだろう。

（「近代主義と民族の問題」五一年九月）

高貴な独立の心を、八・一五のときすでに、私たちは失っていたのではないか。支配民族としてふるまうことによって独立の心を失い、その失った心のままで、支配される境地にのめりこんでしまったのが今日の姿ではないだろうか。

（「屈辱の事件」五三年八月）

しかし、

文学は政治から逃れることはできない。〔文学による〕独立の願望は、げんにあり、日ましに強まっている。ただそれが十分に表現能力をもたないために、力となって発露しにくいのである。

（同前）

読者の要求は素朴である。文学によって慰められたいのだ。生きる力を与えられたいのだ。むろん娯楽の要求もないわけではないが……文学が娯楽に堕するのは文学の自殺である。……時代の文学的表現に責任を負うものは文学者以外にないはずだ。……国がほろびるときは、文学者はただ亡国の歌をうたえばいい。かれはただ、満腔の情熱をこめてそれをうたえばいい。しかし、いまからそれをはじめるのは少し早すぎはしないかと私は思う。

（「亡国の歌」五一年）

中里介山や吉川英治を、国民文学のモデルにすることはできない。……日本人の身分的疎隔をそのままにして、国民的解放を指向することなしに、コマーシャリズムの悪しき利用の上に立って現状維持の自己主張をやっているからだ。国民文学は、……国の全体としての文学の存在形態を指す。しかも歴史的範疇である。デモクラシイと同様……それに到達することを理想として努力すべき日々の実践課題だ。……大衆文学と文壇文学とは同根であり、この両者を破壊することなしに国民文学は建設されない。（「国民文学の問題点」五二年八月）

国民文学にこだわる

竹内は評論家として、国民文学をただ提唱したのではなかった。実質的にアメリカの〝占領下〟にある日本国民の文学の独立を、いかにして作品として成りたたせていくか、それには作家の実践的な自己改造がなされねばならない。

そのひとつの試みとして実践した、小説『荷車の歌』の作者山代巴《やましろともえ》さんとの交流についてふれておこう。山代さんは、概略つぎのように回想している。

――竹内好先生に初めてお会いしたのは一九五七年一月のことでした。先生は、日本の民主的思想はこれまで、底辺からの民主主義の歩みを内部の目で表現するに到らなかったが、『荷車の歌』はそれをやった、自分はそれを高く評価している、とおっしゃられた。先生は中国の作家趙樹理《ちょうじゅり》の話をされ、一週間後に『趙樹理集』がおくられてきました。「日本の民衆の生活に根ざした文学創造のために、先日のような話し合いを定期的にやりたいですね」という、みじかい手紙をはさんで……。私のこの二十年は、竹内先生の助言の道をあるき、昨年

『囚われの女たち』（全十巻）をだしはじめましたが、この作品の完成の前に竹内先生が他界され、御批評いただけないのが残念でなりません。

（「よき助言者」『竹内好全集・第一五巻・月報一四』筑摩書房、八一年十月）

『國民文學論』の「まえがき」で、「国民文学ということについて言えば、私は、それを提唱すれば、それが実現すると思っているわけではない。できるか、できないかは、やってみなければわからない。できるかもしれないし、できないかもしれないのである。」と竹内はのべ、さらにこうつづける。

できなければ滅亡である。史上、滅亡した民族はないわけではない。ただ私は、自分が生きているかぎり、日本民族の滅亡に賭けるわけにはいかない。それは生本能に反する。だから、日本民族が生き残るかぎり、文学の花さく時期はおとずれるものと信じ、その夢をみているだけのことである。

「小説としていくら売れても、たくさんよまれても、それは国民文学ではない、ながい時期にわたって国民の精神の糧になることはできないから」（座談会「国民文学の方向」、『群像』五二年八月）

と発言し、また、「文学者というものはその時代の文学的現象というか、日本人の心の表現にたいして、全責任を負わなくてはならぬもので、あらゆる時事問題に触れなくちゃいけない」（小田切秀雄との対談「文学運動のエネルギィを求めて」、『日本読書新聞』五三年十一月）と竹内はいう。そして評論家として、文学の創作者とともに国民文学の創造に手をかそうとしたが、その実現への道はひじょうに困難である。

竹内は生前ついに、かれが理想とする国民文学にであうことはなかった。同時代の文学者（小説家）の知己は少なくなかったし、またさまざまな作家がその創作に挑戦したとおもわれるけれども、竹内はだれの作品をも国民文学として評価したことはなかった。たとえば埴谷雄高の『死霊』、野間宏の『青年の環』、武田泰淳の『富士』、あるいは大江健三郎の『洪水はわが魂に及び』……。

竹内は、国民文学が創造されなければ日本民族は滅亡するとまで危機感をいだいた。しかしそのいっぽうで、民族が生き残るかぎり、文学の花さく時期はおとずれると信じ、けっしてその夢を捨てることはなかった。しかも民族のほろびを、坐してまつわけにはいかない。一九七〇年代にはいると、竹内はみずから国民文学創造のための基礎作りにのりだしたように、わたしにはみえる。

それまで刻苦して挑んできた魯迅文学を晩年あらたに翻訳しなおすことにより、日本文学を堅固に締めなおす楔として魯迅精神を力強く打ちこもうと試みたのではないだろうか。あるいはまた、その同じ楔によって、いまだにアメリカに従属したままの独立未成の日本文学の文体を、まずは破壊するために——。（「第五章」参照）

【第三章】　反安保闘争と日中国交回復

六〇年反安保の闘い

上京する以前、わたしは竹内好のことを知らず、中国そのものについてもほんのわずかの知識しかなかった。したがって、戦前から戦後の十二、三年間にかけての竹内に関するわたしの叙述は、のちに直接、本人から耳にしたか、あるいはその著作などから知りえた内容ということになる。

竹内好は三十三歳のとき補充兵として湖北省に配属され、三年後（四六年）の夏に復員した。敗戦後は魯迅文学の研究者として、また国民文学論争を提唱しナショナリズムを軸とした近代化論を展開する気鋭の評論家として、頭角をあらわす。そして五十歳になるころ、かれが身命を賭してとりくんだのが、いわゆる六〇年安保阻止の政治闘争であった。

一九六〇年の春から夏にかけて、日本に澎湃《ほうはい》としてわき起こった「日米新安保改定阻止闘争」は、竹内の生涯において「大東亜戦争」に匹敵するもっとも深刻な体験のひとつである。そのときの記録は翌年『不服従の遺産』（筑摩書房、一九六一年）の書名で、かれ自身によってまとめられた。その遺産をよみなおすまえに、竹内の「年譜」（『竹内好全集・第一七巻』所収）から六〇年前後の関連事項をぬきだしておこう。

一九五七年　四七歳　四月、安保条約改定反対運動に加わる。

五九年　四九歳　三月二三日、「安保条約改定問題に対する文化人の声明」に参加。一〇月、都立大学内に「安保の広場」をつくる。「安保問題研究会」に参加。一〇月九日、「安保批判の会」成立、参加。このころより積極的に安保廃棄の実践活動。

六〇年　五〇歳　四月四日、日比谷公会堂の「安保批判の会」批准反対請願大会で講演。〔ちなみにこのころ、大江健三郎も「安保批判の会」に参加し、日米安保条約締結に反対するデモに加わっている――「大江健三郎年譜」より〕そのあと数人で藤山愛一郎に面会。五月、安保反対運動に全力を傾注。一八日、「安保批判の会」代表の一員として岸信介首相に面会。一九日夜の衆議院安保条約強行採決に抗議して、二一日付で東京都立大学に辞表を提出。知人に「ごあいさつ」を送る。三一日、「民主か独裁か」。六月、連日各所で講演。二日、「民主主義を守る全国学者・研究者の会」集会で「四つの提案」、一二日、憲法問題研究会「民主主義を守る講演会」で「私たちの憲法感覚」等。三〇日、東京都から都立大学教授依願免職の辞令。七月二四日、思想の科学研究会総会で報告（「五・一九前後の大衆運動をどう見るか」）。九月一三日、名古屋の国民救援会で講演（「水に落ちた犬は打つべし」）。

六一年　五一歳　七月、評論集『不服従の遺産』。

すでに東京都立大の教授として、また国民文学論争を提言した評論家として、あるいは岩波書店発行『文学』の編集委員として、さらに思想の科学研究会の会長として活躍していた竹内が、なぜここに見るように急激に、反安保闘争にのめりこんでいったのか——以下、『不服従の遺産』そのほかの資料を参照しながら竹内の考えたこと、その行動を、あらましたどってみる。

竹内が六〇年の日米新安保の締結につよく反対した理由のひとつに、敗戦後十五年もたっていながら、日本がもっとも侵略戦争の被害をあたえた中国と国交を回復していない、という事実があった。いまだ国際法上は中国と交戦状態にあり、それは敗戦国日本の民族として道義にもとるものである。

なぜ中国と国交できないのか——一九四五年春、連合国のアメリカ軍は沖縄に侵攻したあと、広島と長崎にふたつの原爆を落として日本を敗戦においこんだ。ドイツのポツダムにおける連合国の戦争終結宣言では、日本から軍国主義勢力がのぞかれ、日本の民主化が完了したとき、連合国の占領軍はただちに日本国より撤収することになっている。すなわち占領軍がいるかぎり、日本は連合国とも講和できないはずであった。

ところが四九年十月に共産党政権の中華人民共和国が誕生し、そのとしのうちに国民党の蔣介石は台湾に脱出、アメリカは第七艦隊を台湾海峡に派遣して蔣介石を援護した。中国からすれば内政干渉、アメリカの侵略である。

五〇年に朝鮮戦争が勃発すると、アジアにおける反共産主義勢力のとりでともいうべき日本の基地を確保したいアメリカは、連合国として対日平和条約に調印し、おなじ日に日米安全保障条約を締結(五一年)した。つまり占領軍は一歩も撤収することなく、アメリカの駐留軍と名前をかえただけで、恒久的に日本の基地に居座ることになった。しかもこのふたつの条約は、日本の希望によって締結するという体裁でアメリカにおしきられる。戦後日本の対米従属構造が確定したのだ。

連合国と日本の敵対関係は、アメリカ対中国(およびソ連、すなわち共産圏)の敵対関係におきかえられた。日本は朝鮮特需で経済が回復するいっぽう名目的に占領はとかれてゆき、同時に第二次世界大戦(大東亜戦争・太平洋戦争をふくむ)で日本がおかした中国・アジアへの侵略の責任は不問にふされ、あるいは無期延期されることになった。

多くの日本国民は中国にたいして戦争責任を感じ、国交の回復によって責任をつぐないたいと願っていた。しかし日本国民の願望は、中国を敵視するアメリカとの安保条約のために阻まれて

60年安保改定阻止運動で演説する

いる。もしふたたび新安保が発動すれば、まだ交戦状態にある中国との友好関係はほとんど絶望的になろう——そこに竹内が、数百万人の日本国民とともに六〇年安保阻止の渦まきに身を挺していった原点があった。

反安保のうねりは五七年、五八年としだいに盛り上がり六〇年四月二十六日の安保改定阻止統一行動は全国で参加者が二一万人にのぼった。にもかかわらず岸信介政権は五月十九日、衆議院で国会の会期延長と新安保条約を強行可決した。翌日から連日、デモ隊が国会を包囲して岸退陣を要求する。竹内は個人の意思で都立大学に辞表を提出し、岸政権の横暴に抵抗した。

五月二十一日、辞職理由書を提出したあと友人にあいさつ状をおくる。白紙に横書きで謄写版印刷、全文はつぎのとおりである。

ごあいさつ

私は東京都立大学教授の職につくとき、公務員として憲法を尊重し擁護する旨の誓約をいたしました。

五月二十日以後、憲法の眼目の一つである議会主義が失われたと私は考えます。しかも国権の最高機関である国会の機能を失わせた責任者が、ほかならぬ衆議院議長であり、また公務員の筆頭者である内閣総理大臣であります。このような憲法無視の状態の下で私が東京都立大学教授の職に止ることは、就職の際の誓約にそむきます。かつ、教育者としての良心にそむきます。よって私は東京都立大学教授の職を去る決心をいたしました。

この判断は私の単独に下したものであって、何びとの意志も介入しておりません。この処置は他人にすすめられるものではなく、また、すすめる気は毛頭ありません。私は文筆によってかつかつ生計を支えるくらいの才覚はあります。この条件の下で、私のなしうる抗議の手段として、私は熟慮の上で、この処置をえらびました。

私の辞職によって、同僚および学生諸君に迷惑をかける結果になるのは忍びないところでありますが、どうかお許し願います。そして今後とも変らぬ友誼をお願い申しあげます。

一九六〇年五月二十一日

竹内　好

竹内は都立大学を辞職した。と同時に、いまや日本政府は民主主義を放棄して独裁政治に化したとの情勢判断から、安保の阻止よりいっそう根源的な日本の民主主義をただちに立てなおすことが先決だと、かれは闘争目的の戦術変更を運動主体に提案・主張する。

——民主か独裁か、これが唯一最大の争点である。……この唯一の争点に向っての態度決定が必要である。そこに安保問題をからませてはならない。……論争は、独裁を倒してからやればよい。

——安保から独裁制がうまれた。時間の順序はそうである。しかし論理は逆である。この論理は五月十九日が決定した。（以上「民主か独裁か」）

一見とまどいを覚えるこの意見には、吉本隆明はじめ批判もあった。しかしファシズムに反対する竹内の信念は不動だった。五月末には東工大助教授の鶴見俊輔が、竹内とおなじように岸内閣に抗議して辞表をだす。六月にはいると、安保改定阻止の第一次実力行使の交通ストに全国で五六〇万人が参加（六月四日）、さらに第二次実力行使では五八〇万人がストに加わった（十五日）。

しかしこの時、かなしい事件がおこる。竹内の日記には、こう記されている。

六月十五日（水）　陰。……本日のデモは人数も多く緊張。……暴力団の突入を境にして警察の暴力化と学生の突入はじまり、学者らも多数負傷。女子学生一名死亡。六・一五事件。

六月十六日（木）　雨。……安保批判の会拡大世話人会におくれて出席。その席でアイク訪日中止の発表をきく。……車で安保批判の会の負傷者の一人を見舞い、樺美智子《かんば》さん宅を弔問する。

〔『竹内好全集・第一六巻・日記（下）』〕

新安保は参議院の議決をへぬまま六月十九日に自然承認され、かくして六〇年の反安保闘争は急速に終息していく。竹内は「水に落ちた犬は打つべし」（九月十三日の講演。題名は魯迅の評論から。権力への抵抗は徹底的かつ持続的でなければ、かならず反撃をくらう、の意）でこう語っている。

――〔新安保を阻止できず、五月十九日の暴挙を取消させることはできなかったが〕日本の人民の力が主権奪還の行動において発現した最初の抵抗の運動であった……戦後我々が初めて国民の主権者としての意思によって内閣を崩壊さした……この二点で私は五月、六月の闘争というものは、……大勝利であったと、こう評価したわけです。（拍手）

――私は中国との国交回復に賛成ですが、それは日本の立場から賛成なんで、中国側に付けということではありません。

――〔我々は平和と自由のために闘ったが〕まだまだ足りないことがあった。それは〔アメリカからの〕独立の課題にまともに取り組めなかったことだと思います。これが将来に残された課題だと思います。（拍手）

『不服従の遺産』の「まえがき」に「経験の蓄積と、経験の公有化のために、われわれは労をおしんではならぬだろう。……一九六〇年は戦争におとらぬ民族的体験の宝庫だと私は思う。……」と、竹内はかいており、翌年六月の樺美智子の墓前祭にもかれは参加している。

以後「思想の科学社」の設立（一九六二年）にかかわり、「小新聞の会」「べ平連の会」「憲法問題研究会」などの勉強会に積極的に参加していって安保体験の蓄積と公有化につとめるかたわら、みずからは雑誌『中国』を発行しつづけながら日ごろの発言・行動の軸足を、しだいに「中国の会」に移していった。

赤い『毛主席語録』との出会い

五十歳の竹内が六〇年安保を闘いぬき、その後、闘争経験の公有化に腐心していたころ、わたしは故郷の福岡県京都《みやこ》郡豊津《とよつ》町で中学・高校生活をおくっていた。兄の交通事故死にともない一時、小倉に寄留して思永《しえい》中学に転校したものの、工業高校入学後の三年間は豊津から小倉まで列車通学だった。

豊津について、すこし触れておきたい。

北九州の高峰英彦山《ひこさん》は、豊後水道のかなた四国島につらなっていくかのように東南へ東南へとなだらかな裾野をひろげ、そのゆたかな大地のうえに人びとは昔からおおくの古墳をのこしてきた。ゆるぎない大陸の伝統文化がおだやかな気候とやわらかな山野にはぐくまれ、山紫水明の詞《ことば》がなじむ〝美夜古《みやこ》〟の風土——そこが祓川《はらいがわ》と今川《いまがわ》にはさまれた豊津であり、いまも聖武天皇建立に来源をもつといわれる国分寺の塔がそびえている。

ふるい時代のことはさておき、豊前をふくむこの一帯からでた明治以降の人物を、偏っているのを承知で思い浮かぶままにあげてみるなら——福沢諭吉・堺利彦・葉山嘉樹・鶴田知也、そして前田俊彦。いずれも、一筋縄ではいかぬ人物ばかりである。やがて、わたしが知己をもとめてかれらの行跡をたずねたのも、同じ風土の縁《えにし》というものであろうか。

思想家としての福沢・堺、文学者としての堺・葉山・鶴田を、竹内好はふかく読みこんでいた。また竹内が『みすず』に連載した公開日記「転形期・一九六三年十二月X日」に「会見を申し込まれていた福岡の前田俊彦氏とひるに本郷であう。……会ってみたら私より年長だった。……こういう人は大事にしなければいけない。」とあり、また全集の「竹内年譜」によれば、個人紙『瓢《ひょう》鰻亭《まんてい》通信』を発行し、どぶろくの密造を公表して人間社会の偽善を告発しつづけていた前田に、こんどは竹内のほうから会いにいっている。

一九六八年　五十八歳　……十月三一日、福岡ユネスコの講演旅行。……十一月一日、豊津の前田俊彦を訪ね、夜小倉で講演。

そのころ、わたしは竹内とはまだ未知である。この数カ月後に、わたしは雪の降りつもる日豊本線行橋《ゆくはし》駅から、夜行寝台列車にのって上京したのだった（「序章」参照）。さてここで、悔恨とともに思いだされるエピソードを記しておかねばならない。わたしの伯母は豊津から、大分県鶴崎の法華津《ほっけつ》家にとついでいた。伯父によると代々大友宗麟《おおともそうりん》の家臣だったという。法華津家の座敷の鴨居には、ながい槍が数本かかっていた。

小学校のころから夏休みになると、わたしは鶴崎の伯母のうちで過ごすことが多くなった。法華津の裏庭から屋敷のなかの畑を下りていくと、すぐ目のまえに潮の満ちひきする河口がひろがっている。満ちてくればおよぎ、ひけば磯蟹をおいかけ、貝をほり、砂遊びに興じる……わたしにとっての自然の楽園だった。そしてそこにはいつもいっしょに、幼なじみのMちゃんがいた。

法華津家のまえの、せまい通りをへだてた向かい、Wさんのおたくの長女である。わたしたちは同い年だった。

Mちゃんは Mさんに成長し、高校のなかばごろだろうか、いつしかわたしたちは文通をはじめていた。手紙のやりとりはわたしの就職後もつづき、そのころ彼女は別府の全寮制看護学院で看護婦へのみちを歩みはじめる。わたしたちはときどき逢って、別府の十文字原《じゅうもんじばる》高原でみらいの抱負を話しあった。わたしは会社を辞めて上京し、大学を受験したかった。彼女は、看護学院を卒業したらわたしも上京して東京の病院につとめる、といってくれた。Mさんの澄んだひとみのおくから、つよい決断のおもいが伝わってきた。

そんな約束をかわしたある日、彼女は「お父さんから」といってちいさな紙袋をわたしに手渡した。なかから真っ赤なビニール装丁の文庫本ほどの日本語版『毛主席語録』がでてきた。そのころ中国が文化大革命（一九六六〜七六年）の嵐に見舞われていたことは、ニュースでわたしも知っていた。Wさんは日本共産党の毛沢東派であるらしかったから、北京で発行された日本語版の『毛語録』が手に入ったのであろう。だが、この頃から日本共産党内部では毛沢東派が排除され、中国共産党とも断絶状態になったようである。

痩せぎすで古武士の風格をただよわせながら、やわらかなもの言いで語りかけるWさんを、わたしは尊敬していた。『毛語録』を真剣に読んだのは言うまでもない。それはわたしにとって、一般的な儒学の『論語』や『孟子』などをのぞいた中国文化の、ほとんど最初の書物であった。

革命は、客をよんで宴会をひらくことではない。文章をつくることではない。……革命は暴動である。ひとつの階級がひとつの階級をくつがえす激烈な行動である。（「湖南農民運動視察報告」）

政治は血を流さない戦争であり、戦争は血を流す政治である。（「持久戦論」）

すべての共産党員は、この真理を理解すべきである。「鉄砲から政治権力が生まれる」。（「戦争と戦略の問題」）

われわれは戦争廃止論者であり、戦争は不要だ。だが、戦争を廃止するには、戦争によるほかはない。（「戦争と戦略の問題」）

われわれは自力更生を主張する。われわれは外国の援助を希望するが、それに依存してはならない。われわれは自らの努力に依拠し、全軍民の創造力に依拠する。（「経済活動に習熟せよ」）

（以上、平凡社版『毛沢東語録』）

かつて、わたしは大江健三郎の小説によって一時、東京の「政治少年」にあこがれたことがあったが、『毛主席語録』を読み、スパッと竹を割ったような毛沢東の明快な論理に躊躇しつつも、引きこまれていった。

　ちょうどそのころのことである、六〇年安保とほぼ同時に九州では三井三池炭鉱の争議（一九五九〜六〇年）が火をふき、その余波が一九六四年の米原子力潜水艦シードラゴンの佐世保寄港反対闘争へと尾をひいていた。隣家が買ったばかりの白黒テレビで全学連の寄港反対ジグザグデモを目にしたとき、わたしは日本〝革命〟の未来を見たとおもった。そこには「激烈な行動」への志向はほとんど感じられず、やわな〝テレビショー〟が繰りひろげられるばかりだった。『毛主席語録』はわたしのなかに、中国と日本における〝革命〟認識の落差を、鮮明に焼きつけたのだった。

　やがてわたしは製鉄会社を退職、一九六七（昭和四十二）年、二十歳のときに上京して新聞奨学生となり、大学受験に取り組む。Mさんは東京の有名なS病院に就職して寮にはいった。だが、わたしは一度、二度と受験に失敗する。そして、ついに大学入学の約束をはたすことができず、帰省してゆく彼女を有楽町駅にみおくったのだった。

「中国の会」とりきめ暫定案六項目

　六〇年安保のなみが去ってゆき、『中国の思想』（全一二巻・徳間書店）の監修や茅盾《ぼうじゅん》『子夜《しや》』の翻訳、『現代日本思想大系9　アジア主義』（筑摩書房）の編集・解説など、学問の一般社会への開放に力をそそぎはじめた竹内好は、どうじに安保体験を持続すべく、雑誌『中国』を「中国の会」

の自主刊行とし、第七号（新出発準備号）に「会と雑誌のとりきめ」六項目（暫定案）を発表した（一九六四年四月）。

一、民主主義に反対はしない。
二、政治に口を出さない。
三、真理において自他を差別しない。
四、世界の大勢《たいせい》から説きおこさない。
五、良識、公正、不偏不党を信用しない。
六、日中問題を日本人の立場で考える。

とうじの雑誌編集部（これも暫定）は竹内、橋川文三、尾崎秀樹の三人だった。一から五までが否定形、六だけが肯定形のこの〝とりきめ暫定案〟は、そのころの日本では目新しい形式だったように思う。いずれもむしろ、能動的な思考が奮い起こされるような項目である。

のちに竹内は、この「とりきめ」は一九三〇年代の上海で発行されていたユーモア雑誌『論語』の、斜《しゃ》にかまえた社会風刺にならったと明かしている。『論語』を主宰した林語堂《りんごどう》は三〇年代、すなわち日中戦争の前夜は戦闘的自由主義者だったが、晩年、反共思想家として知られるようになった。

「中国の会」の会員のなかから、ときに第二項についての疑問がだされた。竹内はつぎのようにこたえている。

――「政治に口を出さない」というのは、……「カイゼルのものはカイゼルに」という意味なのだ。……

政治を政治主義的にあつかわないことによって、文化を政治主義的にあつかわしめない、という意味である。……「なんとか反対」と叫ぶことが、そのまま政治的行為であると思い込む、つまり、代行行為をただちに政治行為と錯覚することから、自分を解放しようという提案でもある。……「政治に口を出さない」というのが、雑誌『中国』が政治問題をあつかわない、という意味にとられたら困る。……少なくとも私は、雑誌『中国』で大いに政治を論じようと思っている。その論じる保障のための「政治に口を出さない」なのだ。

――中国の核開発を問題にするかしないかでレッテルがはられるような雰囲気、ここには言論の自由がない。きみの反対する自由を保障しよう、という呼びかけが「政治に口を出さない」という垣なのだ。

（「中国を知るために」）

竹内は、さらにこうつづける。

むかしの中国では、どの茶館にも「莫談国事」という掲示があった。「国事を談ずるなかれ」というのは、秩序形成者の側からすれば言論の制限だが、茶館のほうからすれば、この掲示があるかぎり、何を論じようと「国事」にはわたらぬという、言論の自由の保障の意味ももっていた。われわれの「政治に口を出さない」は、ほとんどこの「莫談国事」の直訳である。

（同前）

ニクソン・ショックと日中国交正常化

竹内好は「政治に口を出さな」かった。しかし日本人の矜持を自問し、あるいは民族としての進路を左右しかねないような国際政治にかかわる場合などは、かならず誠心誠意、ときには強烈な皮肉をこめて発言し、行動した。『中国』誌の竹内の連載欄「中国を知るために」で自在に、とはいえ、つねに自戒をこめて現実の政治を批評し、批判したのである。

一九七一年六月、アメリカのニクソン大統領が国交のない中国を訪問するというニュースが日本国内をはしった。竹内は橋川たちと平戸を旅行中に、それを知った。すぐに「複雑怪奇」ということばが、頭をよぎったそうである。

しかしニクソン声明はふたをあけてみると複雑怪奇ではなく、アメリカの一貫した国策の一側面だったと推定された。すでに一九四九年十月の中華人民共和国の成立直前から、アメリカは蔣介石の国民党右派と絶縁する用意があったという。(「中国を知るために・八十七　禁を犯す」)

竹内は、日本でくりかえされる中国ブームにはうんざりしていた。国交回復にいたらぬ日本政府の不誠実さに、絶望にちかいものを感じていた。「だが今回のブームは異常である。ニクソン旋風にふき荒らされた、あわれ日本、とでもいうべきか。」と記した。(「中国を知るために・八十八　四十年」)

キッシンジャー・アメリカ大統領補佐官の地ならしのあと、七二年二月、ニクソンは北京にとび毛沢東と握手した。『中国』第一〇一号(七二年四月)の「中国を知るために・九十四　鬱屈」に、竹内はかいている。

どういうわけか、このごろは鬱々としてたのしまぬ日が多い。……(アメリカ大統領の訪中は」おわってみると、格別の感想もない。おこるべくしておこり、過ぎるべくして過ぎた事件であったという気がするだけだ。それよりも浅間山荘の事件(二月十九日〜二十八日。軽井沢の浅間山荘で、人質をとった連合赤軍が銃撃戦ののち逮捕さる。」のほうがいまでも重くのしかかっている。

しかし「たといアメリカに尻押ししてもらっての講和であっても、講和がないよりはマシである。」(「中国を知るために・九十九　季語」)と、積年の日中講和へのつよい思いもかきとめた。そして五月にアメリカから沖縄が復帰したあと、九月、田中角栄首相が訪中、あっというまに日中国交正常化が実現したのである。

どうせニクソン訪中の二番せんじだから、見るほどのことはあるまいと最初はタカをくっていた田中訪中のテレビを……つい全部見てしまった。……やはりショーとしてのおもしろさは格別である。

……いろんな経過はあったにしても、あの共同声明にこぎつけたのは大成功だ。外交文書として破格の、簡にして要をつくした、国際関係に新例を開く底《てい》のものではないかと思う。……内容は平和条約以上のものをふくんでいる。望みうる最高のものかもしれない。結果だけでいえば、私の悲観論は見事に打ちくだかれた。

……会員とともに、読者とともに、とりあえず今日の成果を祝いたい。思えば遠い道であった。

……祝った上で、しかし、国交回復を実質的なものにし、自主的な文化の創造を、人民レベルの友好関係の基礎の上に進めていくには、何をすべきか、……〔中国の会〕会員の総力の結集によって、この課題に回答を与えなくてはならない。

（「中国を知るために・一百一　迷惑」）

「中国の会」解散前後

ところが、次号〔最終号〕の「中国を知るために・一百二」の題は「非力」であり、次のように書きだされている。

先月号は、とんだ失敗をやらかしてしまった。時が時だけに、この失敗は痛い。まことに相すまぬしだいである。

いまさら弁解したってはじまらない。すべて、われわれの至らなさに帰するほかない。私がこの欄で、外務省の無能ぶりや新聞記者の無知をひやかしているとき、そのおなじ号の別の場所で、無知も無知、中国認識の肝心かなめの部分での無知をさらけ出してしまった。醜態のきわみである。

「先月号」とは『中国』一九七二年十一月号〔第一〇九号〕のことで、特集は〝〈座談会〉映画「アジアはひとつ」をつくって〟だった。そのころわたしは『中国』の編集部員の一人として、会から給料をもらうようになっていた。先輩編集者の指導をうけながら、何本かの記事も書いた。そして約一年——。

戦争から敗戦、戦後から六〇年安保と激動に揉まれながらも、つねに日本民族の矜持を手放さずに中国への侵略戦争責任を告発しつづけてきた竹内が、ようやく日中国交正常化を目のあたりにして、「とりあえず今日の成果を祝いたい」と書いたその同じ『中国』誌上で、わたしは無知による大失態を演じたのである。

雑誌特集の編集過程で中国地図の図版が必要になった。わたしは手近かにあった帝国書院版の中国地図をひろげて、そのうえにトレーシングペーパーをかぶせ、ペンに黒インクをつけてトレースした。大陸はむろん、台湾の地形もうつした。そしてさらに、台湾の地形のうえに、帝国書院版をなぞって「中華民国」と書きこんでしまったのである。わたしの度しがたい無知による「醜態のきわみ」であった。

台湾が中華民国領であった期間は、一九四五年八月から一九四九年九月までである。それ以後は、中華民国の国号と紀元は架空のものとなった。……中華民国の実在を強引に言い立てた〔アメリカの〕ダレス神話は、去年、ついに国連で破産し、今年〔一九七二年〕九月、さすがの日本政府もそれを認めないわけにはいかなくなった。いやいやながら日華平和条約の失効を宣言した。その直後に、わが編集部は、すき好んでダレスの亡霊を地図の中に呼び込んだのである。なんとも恥かしくてお話にならない。（「非力」）

『中国』最終号（第一一〇号・七二年十二月一日発行）は表表紙・裏表紙・背文字がすべて墨一色で刷られ、雑誌休刊（実質的停刊）への弔意をあらわしていた。同号には「十一月号でおかした大きな誤りについて―編集部三人の謝罪文―」――「結果的には、〔中華人民共和国と中華民国の〕二つの中国を認めたこと、つまり、他国の内政干渉を行ない、したがって、中国人民を敵視することになってしまったことを認めます。深くお詫びいたします。」が掲載された。

竹内は「非力」にかき継いでいる。

――しばらく雑誌を休刊にして、その期間に将来の大計を考えることにしたい……私の署名での「中国を知るために」は書き継がれることはないだろう……すべて始めあるものは終りあり、ただし有終の美をなさなかったことは確かだ。まことに残念である。

雑誌は翌月から休刊となり、ほぼ一年後「中国の会」は解散する。竹内好による「中国を知る

中国の会代々木事務所解散。手前が橋川文三、中央に竹内好

ために」が書き継がれることは、二度となかった。

松本健一は『竹内好論』(岩波書店、二〇〇五年)の「序章」で、竹内好は懐疑が癖になって、あれは謀略じゃないかという決まり文句となってあらわれた、「たとえば……雑誌『中国』の休刊まぢかに中国(台湾)を中華民国と誤記した事件とか、である。それらの事件が謀略であるかないかについては、いまはふれない。」とのべているが、事実はむろん謀略などではない。わたし一個の無知からする失態を機として、『中国』の休刊がはやまったといえるように思う。

というのも、日中国交回復に向けた田中訪中(九月二十五日)の以前から、「中国の会」では数度にわたって竹内や橋川を中心に編集部をまじえ、『中国』や「中国の会」の存廃について討論をかさねていたのである。その経緯は『中国』最終号の特集「カオスから新しい中国像を―雑誌『中国』の十年―」や「『中国問題』を廃語に」(編集部)、「非力」(竹内好)などの記録にあきらかである。

『近代日本と中国』

日本の論壇がニクソンの訪中声明で沸きあがっていた一九七二年の夏ごろから、竹内は橋川の協力をえて『朝日ジャーナル』の連載企画との共同作業を開始していた。

日本の近代化は中国との関係を除外しては考えられない、というのが竹内の年来の思いである。その問題を日中の人物や関係機関にしぼって多角的に、多数の論者に執筆してもらおうというのが企画意図だった。企画成立の経緯は、七四年六月に朝日新聞社から出版された『近代日本と中国』(上下、竹内好・橋川文三編、朝日選書)の「序」にくわしい。同書の内容について竹内は、七三年にこう述べている。

まず最初に座談会があり、そのあと、延々四十数回、新進および中堅の学究による力作の読み切り論文が(朝日ジャーナルの)誌面をかざった。……たぶん熱心な読者には好評を博したのではないか。

なぜなら、その多くは耳新しい、しかも過去の日中関係を考えるうえに不可欠の新知識であったから。……明治以降の日本人の中国とのかかわり方が、人物と事件をふくめて、ほとんど全部どこかで触れられていて、その幅の広さは、インデックスとして使えるほどであり、たぶんほかに代替物がないとおもわれる。

（「前事不忘、後事之師」『朝日ジャーナル』七三年十二月）

わたしたち「中国の会」につどう若者たちは、この企画が連載されはじめると注目した。というより、ほとんどの項目がわたしたちにとっては初めての知識であり、どうじに執筆者たちの、政治、文化から経済にいたるまで、日中がおたがいにあいてを思いやりながら交流する日を待ちのぞむ、熱いおもいがつたわってきたのである。

「中江兆民と頭山満」松本健一、「宮島大八と二葉亭四迷」安藤彦太郎、「杉山茂丸と内田良平」平岡正明、「宮崎滔天と吉野作造」飛鳥井雅道、「中江丑吉と橘樸」判沢弘、「内山完造と田中慶太郎」増井經夫、「尾崎秀実と風見章」尾崎秀樹、「エロシェンコと長谷川テル」高杉一郎……。

わたしは毎週、『朝日ジャーナル』の発行日をまちわびるほど愛読した。なかでも橋川文三執筆の「福沢諭吉と岡倉天心」は、わたしのこころに強くひびいた。

彼〔福沢〕がここでいうアジアは具体的には清・韓二つの隣国であり、この両国との腐れ縁的な関係を脱却し、日本は独自の思想と行動の論理を樹立すべきことを強調したのがその「脱亜論」の趣旨にほかならなかった。……この両国……は「アジア東方の悪友」であり……これとの惰性的な方式による交際を「謝絶」することを主張したわけである。……〔いっぽう天心の〕「アジアは一つ」というこのことばは、西欧のはるかに及びえない高い価値において、アジアの諸民族が一つであることを主張したものだった。……諭吉においてはアジアは一つであるがゆえに、そこから脱却すべしとされたものが、天心においては、その一なるアジアの魂にめざめることこそアジア自身にとって、また人類にとっての福音であることが高らかに歌われている。同じアジアが一方では「闇」として、他方では「光」として描き出されているわけである。

竹内の「岡倉天心」（一九六二年五月）や『現代日本思想大系9　アジア主義』の解説で岡倉の名を知ってはいたが、たんなる浅薄な知識にすぎなかった。橋川のあざやかな分析と対比は、わたしをいっきょに福沢と岡倉の世界にひきこんだ。

福沢は大分県中津の出身である。わたしの故郷豊津からは、福岡県と大分県の県境をながれる山國川《やまくにがわ》をへだてたほぼ向かいがわ、自転車でいける距離である。小学生のころ、諭吉少年が読書したという質素な土蔵つくりの納屋をたずねた記憶がある。

福沢には大部の全集もあり、著作はひかくてき手にいれやすかった。だが岡倉は、アジア・太平洋戦争中に〝大東亜共栄圏〟の先覚者にしたてあげられ、敗戦後はかつての虚名がはげしく失墜させられただけに、その著作物は路傍にうち捨てられ、いろあせた感があった。

竹内や橋川の文章に誘《いざな》われながら、わたしは路傍に散在する岡倉の著述をひろいあつめ、耽読しはじめる。そしてしだいに、福沢よりも岡倉の思想・芸術観につよく惹かれていった。しかし、戦前・戦中にでた岡倉の全集や訳文には不備が目立った。やがてわたしは岡倉の全集編纂（全九巻、平凡社）に関与することになるのだが、それはほぼ十年のちのことである。

『近代日本と中国』が上下二冊本で刊行されたのは、日中の国交が回復して二年後、七四年六月のことだったが、竹内は「序」で繰りかえし〝手前みそ〟をしょうちで同書を推奨している――前後三回読んだがじつにいろんなことがあつかわれて内容が豊富だ、登場人物が多いだけでなく相互が有機的に関係づけられている、中国の関係をはなれてもいろんな角度からさまざまなヒントを読者に与えよう……そして最後にこうしるす。

いつか、日本と朝鮮と中国とをあわせて、民衆の近代史が、三国の人民の共同作業で書かれる日が来ますように。その日のために、……この本が読者によって活用されることを、刊行者に代わってお願い申しあげます。

こんにち、国交回復からはや五十年になろうとしている。日中両国の友好関係が良好で文化の相互理解がいっそう深まりつつあるいまこそ、同書が幅ひろく読まれてほしいとわたしはねがう。古本でも手にはいりにくい現状は、残念である。せめてネットのうえで読むことができれば、と思うのだが——。

【第四章】　アジア主義の展望

竹内好の風貌

わたしは自分のこれまでの七十年の人生において、竹内好のような気高い人がらに接したことはなかったように思うことがある。いや、気高いといってしまえば、高みにまつり上げてしまって人肌の温かみが遠のいてしまうけれど、なんの権威も強制もまったく感じることなく、わたしはふとしたときに、竹内の澄みきったひとみの奥に宿る同時代の人びとにたいするやさしさ、人の道に反する行為にたいするきびしい眼光に、慄然としたことがあった。

さきに「私には師もいないし、弟子もいない。私は天地の間にただ一人でいたい。」という竹内の公開日記からのことばを引いた。すぐそのあとには「人には寛容を、学問には不寛容を、というのが私の信条だが、私とて生身の人間だから、これからも何度も失敗をくり返すほかなかろう。」（「転形期」一九六二年十一月八日）という記述がつづいている。その記すことばに、うそやてらいは感じられない。

こんなことも思いだす。

中国の会がまだ活気にみちていた一九七二年ころ、数カ月にいちど竹内、橋川、長野広生、飯倉照平などの面々を中心に若者が一個中隊をくみ、尾瀬や上高地などに一泊ハイキングをこころみたことがある。日本語教室で勉強していた中国からの帰国者の一家も参加し、まだそれほど日本語になれていなかった小学三年生の紅雨《ホンユー》（日本名は慈雨子《じうこ》）ちゃんとわたしたちは、みちみち片言の中国語で会話しつつ森林浴を満喫したのだった。

竹内好は相手の年齢や社会的地位にかんけいなく、まったく対等のことばつかいで話をする。慈雨子ちゃんにも「日本語はむつかしいですか」というぐあいで、わたしにも「中村さん、すこし休みませんか」――ガクンと調子がくるうのをがまんして、あわてて朽ちかけた倒木をさがし、竹内・橋川両先生をご案内する。

缶ビールが何本かあき、笑い声とともにそろそろ辛辣な社会批評や毒舌が森林にこだまするようになると、しだいにわたしは落ちつかなくなる。竹内『魯迅』のあの文体と、磊落《らいらく》に世の中の権威を斬り捨てる眼前の竹内好の肉体が、じつはひとつであるということが、わたしに緊張をしいてくる。いっしょに歩いていても、おのずとわが身は三歩さがらざるを得なかった。

かなりの強行軍で宿にたどりつき、ひと風呂あびてささやかな宴会の席でくつろぐころ、竹内のわたしへの呼称に変化がみえてくる。「中村さん」がやがて「中村君」になり、酔ってくると

「中村」、もうすこしすすむと「おい」だけ。傑作は、ときどき酔いがひくのか「おい……中村……さん……」。

こちらも酔ってはいたが、なぜか涙が出そうなほどうれしかったのを覚えている。竹内好も、橋川文三も、飯倉照平も、さらに「中国の会」の壮士連も、人としてそこまで飲んだのである。そのときの破顔大笑、天真爛漫ぶりは、あの中国古典『史記』や『三国志』に見えかくれする隠者たち——山林に身をかくし、天下を縦横に論じさり論じきたった〝竹林《ちくりん》の七賢人《しちけんじん》〟の酔い心地も、かくやとおもわれた。

「時の判断」をする啓蒙家

竹内好の風格について語ろうとするとき、葦津珍彦《あしづうずひこ》の思い出を逸することはできない。生前の竹内の見落とされてはならない一面が、あざやかに描きだされているのである。

葦津の回想によると、六〇年の安保闘争のころ、竹内は「思想の科学」の会会員の哲学者・市井三郎の紹介で、はじめて葦津にあっている。市井はのちに竹内中国語教室の生徒になるほど竹内を畏敬しており、日中近代史研究のためにふたりを引きあわせたのらしい。

葦津は少年時代からしばしば中国にあそび、日中戦争時代は日本人の中国人にたいする人道にはずれたやりかたに激しくいきどおる。しかし、敗戦後の日本断罪論には納得できなかった。日本と中国の悲しい歴史をうんだ日本人側にも罪はあるが、中国の民衆や指導者にも一半の責任はある。いわば〝日中同罪論〟の考えである。

葦津珍彦は討論の準備もし、多少意気ごんで竹内好との出あいにのぞんだ。ほぼ半時間、竹内は黙ってきいていたが、その応答は案外だった。

「私は中国を専門的に研究して来たし、いまの話や貴論で書かれたような史実や事情も知っている。だからあえて反論はしない。だが今の時代は、貴方の言われるのとは、反側面の事実を、徹底して日本人に知らせるように書くべき時だ、と私は思っている。史実論では、大した論争点もないようだ」と、あっさりしたものだった。

現代の日本人に、二つの側面のどちらを強く知らせるべきかと言う「時の判断」のちがいで、二側面の存在の事実についての認識では、さほどのちがいもないと言うので、討論は全く進行しないで終わった。だがその後に新橋などで夜食を共にして「時事」を語ると、全く、相反することが少なくなかった。……

議論をすると剛直で「おれは反対だな」との語を、十数度も聞かせられた。しかし論争する時にも、いささかの卑劣さがなく、堂々として公正であった。……「時代を判断」して言論する、という点では、きわめて啓蒙家、教育者としての感じだったが、この公正さは、学に忠なる学者竹内好の信条だったのではないか。

（「竹内好さんの風格」『葦津珍彦選集3』、神社新報社、一九九九年）

この葦津の個人的な回想は、はからずも思想家竹内好の戦略的行蔵《こうぞう》の一端を記録していて貴重である。それまで、すくなくとも竹内みずからが、「時の判断」による事実の側面の強調について説きあかした文章を発表したことはなかったと思う。

だが立ちどまって考えてみれば、そもそも「時の判断」をせぬ文学者の言論・行動というものがあるのだろうか。「今の時代は、……反側面の事実を、徹底して日本人に知らせるように書くべき時だ……」という視点で、竹内の発言や行動をあらためて見なおしてゆくと、

――東大生時代の「中国文学研究会」設立（二十三歳）、出征直前の『魯迅』執筆（三十三歳）、敗戦復員後の魯迅作品集（翻訳、三十七歳～）や日本共産党批判、国民文学論の提案（四十～四十五歳）、反安保闘争での発言と行動（四十六～五十二歳）、「中国の会」運営と雑誌『中国』の編集（五十二～六十五歳）……

いずれをとっても、じっくり「時の判断」を熟成させたのちの行為、発言でないものはないであろう。

竹内の「時の判断」について思いをめぐらすとき、わたしにはなぜかいつも、中国の会ハイキ

ングでの竹内の〝竹林賢人の破顔大笑〟とともに、「岡倉天心」にはじまる「アジア主義の展望」（竹内編『現代日本思想大系9　アジア主義』〈筑摩書房、一九六三年〉の解題）が、彷彿としてくるのである。

「岡倉天心」と「アジア主義の展望」

六〇年反安保闘争がおちつくころ、竹内は『朝日ジャーナル』誌の注文（「日本の思想家・この百年」の第一二回）によって、一時「岡倉天心」の執筆に追われたことがあった。六二年の四、五月ごろである。神保町古本屋街での史料収集や原稿執筆のようすは、『みすず』の公開日記「転形期」にうかがわれる。

〔一九六二年〕五月八日（火）「岡倉天心」の稿にかかる。……天心の思想遺産をAA連帯〔前年春、東京でAA（アジア・アフリカ）作家会議がひらかれた〕につなげることに私は反対ではないが、直線でつなげることは不可能だと思う。今日の天心評価は三つの類型がある。……亀井勝一郎と、丸山真男《ママ》―松本三之助の線と、岡倉古志郎の方向……そのどれにも私は十分に満足ではない。……〔私の仮説の要旨は〕明治国家の文明開化コースへの内在批判としての天心ということで……それを伊沢修二との対比で描こうとした。『東洋の理想』以下の著述を、日本国家の弁明であるとする説が従来支配的だが、私にはこれが疑問だ。少くとも『東洋の理想』には寂寥の感が掩《おお》いえない。これは天心の失意の境《きょう》における産物でなくてはならない。そこで天心が文明開化からの追放者だという仮説を立てた……歴史家はどう批評するだろうか。

（「転形期」）

竹内が徹夜で書きあげた原稿用紙二十五枚の「岡倉天心」は、力がこもっていた。

「アジアは一つ」――これは『東洋の理想』の書出しの一句である。この命題が、太平洋戦争の時代をふくめて、天心の思想の核心であることは、ほとんど疑う余地はない。これと補いあうものとして、『東洋の覚醒』〔生前未発表の、インドで執筆された岡倉の英文ノート〕には「ヨーロッパの光栄はアジアの屈辱」という文句もある。これも有名であるし、重要な命題である。両者をあわせると、アジアは屈辱において一つである、という第三の命題になる。それが天心の思想の核心部分であることはたしかだが、その解釈は多義的でありうる。……アジア諸国は相互に文化がちがい、しかも相互に孤立している、というのが天心の現実認識である。にもかかわらず、アジアが一つでなければならぬのは、彼の信ずる普遍価値のためである。むろん、天心は武力を否定はしない。それは避くべからざる悪である。武力は、それを支配すべきものであって、支配されてはならぬものである。このような天心の思想は、ほとんどタゴールと軌を一にしている。

竹内や橋川の論や岡倉の著作そのものから、わたしが岡倉の思想に魅かれていったことはすでに簡単にふれたけれども、さらにその先にひろがる茫洋とした〝アジア主義〟へと関心がみちびかれたのは、竹内編の『アジア主義』を手にしたからに他ならない。

いま、わたしの手もとに褪せたあずき色クロス装・ハードカヴァーの四六判（四四四ページ）がおかれている。天地・小口の紙は日焼けし、背や四隅はところどころ擦れ、先端のきれた細いしおりはほころびかかっている。――竹内好編集・解説『現代日本思想大系9 アジア主義』（筑摩書房、一九六三年八月）の初版本である。

ページをめくってゆくと、巻頭の解説「アジア主義の展望」につづき、**I原型** 東洋の理想／岡倉天心 大東合邦論／樽井藤吉 **II心情** 三十三年の夢／宮崎滔天 山田良政君伝／平山周 ラス・ビハリ・ボース覚書／相馬黒光 巨人頭山満翁／藤本尚則 **III論理** 日韓合邦／内田良平 革命ヨーロッパと復興アジア／大川周明 安楽の門／大川周明 「東亜共同体」の理念とその成立の客観的基礎／尾崎秀実 検事訊問調書／尾崎秀実 **IV転生** アジアのナショナリズム／飯塚浩二 幸徳秋水と中国／石母田正 日本の知識人／堀田善衛――どのひとつの項目も落としがたい、わたしをアジア主義の世界にみちびき鼓舞した、青春の書の一冊である。いたるところに傍線が引かれ、つたない書きこみがしてある。

竹内好は解説の執筆に、苦労している。それまで日本のみならず世界の思想界で、〃アジア主義〃が展望されたことなどなかったのではないか。「転形期」からそのようすをうかがってみよう。

〔一九六三年〕四月X日　このところ連日『アジア主義』のための史料しらべである。……もう一カ月はとうに経過したが、収録するものの選定が本決りにならない。

四月X日　史料しらべをつづける。……構成にかなり苦心をした。……やってみてとくに強く感じたことは、アジア主義を名のる著作や論文には、ろくなものはないことだった。人が毛ぎらいするのは無理ない。そういう権力にこびた自称アジア主義は全部抹殺することにした。アジア主義の「古典」を発掘することに次第に情熱を感じ出す。……岡倉天心と宮崎滔天とは、最初から候補にあがっていた。……私としてやや得意なのは、相馬黒光を加えたことと、石母田正の幸徳秋水論を記憶の底からよみがえらせたことだ。……

五月X日　まだ『アジア主義』から足がぬけきれない。……

七月X日　とうとう解説を書きあげた。……執筆のはじめに予想していたのとは、まったくちがうし立て方になった。……内村鑑三の西郷〔隆盛〕論を引き合いに出すなど、最後の最後まで考えに入れていなかった。うすれていた記憶の底から不意に飛び出したものなのだ。

ここで竹内の解説「アジア主義の展望」（全十二項目）を、概観しておきたい。

「一　アジア主義とは何か」で、竹内は「アジア主義を述べるためには、まず「アジア主義」を定義しなくてはならない。」と書き出す。

……アジア主義の定義は非常にまちまちである。あるものは、反動思想として、膨張主義または侵略主義の別称とする。あるものは、アジア主義を広域圏思想の一形態とする。またあるものは、孫文のアジア主義、ネルーのアジア主義などという個別の範疇にならべて日本のアジア主義をあつかう。

……そもそもアジア主義の名称そのものが雑多である。ときには「大アジア主義」ともよばれ、また「汎《はん》アジア主義」ともよばれる。「アジア」の代りに「東洋」とか「東方」とか「東亜」の文字が使われることもある。

竹内は友人の野原四郎が執筆した『アジア歴史事典』（一九五九〜六二年、平凡社刊）の「大アジア主義」の項目を援用して、最小限の定義を説明する――大アジア主義とは、欧米列強のアジア侵略に抵抗するために、アジア諸民族は日本を盟主として団結せよ、と主張すること。アジアの連帯論自体は日本の独立問題と関連して明治の初年から唱えられたが、やがて明治二十年代にはいると、自由民権運動の後退、天皇制国家の確立、対清国（中国）の軍備拡張などにつれて、大アジア主義が頭をもたげてきた。それにともない黒竜会・玄洋社などのアジア主義団体は、しだいに明治政府の中国大陸侵略政策を隠蔽する役割をはたすようになり、満州・蒙古の地を奪取しようと企てる日本の政策に奉仕しはじめる。それにたいして中国の革命勢力が日本の吸収主義（すなわち大アジア主義）を痛烈に非難・排斥しようとしたのは、当然のことであったろう。

大要、竹内は以上のごとく野原の論にそって「大アジア主義」を説いている。しかし野原の説明が「私の考えに近いといっても、完全に一致しているわけではない。」として、微妙な喰いちがいを列挙する。

一、植木枝盛・樽井藤吉・大井憲太郎ら民権派の「アジア連帯」観と玄洋社の「大アジア主義」を区別対立させているのは、やや機械的に過ぎる。

二、そのような「大アジア主義」が「明治政府の大陸侵略政策を隠蔽」したというのも、たとえば玄洋社には当てはまらない。玄洋社は「大陸侵略政策を隠蔽」したのではなく、先取りしたのであり、むしろ政府の「隠蔽」に反対した。そもそも「侵略」と「連帯」を具体的状況において区別できるかどうか大問題である。……

そして「私の考えるアジア主義は、ある実質内容をそなえた、客観的に限定できる思想ではなくて、一つの傾向性ともいうべきものである。」として、つぎのようにまとめる。

　ということは、アジア主義は、膨張主義または侵略主義と完全には重ならない、ということだ。またナショナリズム（民族主義、国家主義、国民主義および国粋主義）とも完全には重ならない。むろん、左翼インターナショナリズムとも重ならない。しかし、それらのどれとも重なり合う部分はあるし、とくに膨張主義とは大きく重なる。もっと正確にいうと、発生的には、明治維新革命後の膨張主義の中から、一つの結実としてアジア主義がうまれた、と考えられる。しかも、膨張主義が直接にアジア主義を生んだのではなくて、膨張主義が国権論と民権論、また少し降って欧化と国粋という対立する風潮を生み出し、この双生児ともいうべき風潮の対立の中からアジア主義が生み出された、と考えたい。

こうして生まれたアジア主義（大アジア主義）の実体を、第二項以下、竹内は縷々《るる》のべていく。

（第）二（項）自称アジア主義の非思想性

三　アジア主義発生の基盤

第七項で竹内は「福沢が日清戦争の勝利を文明の勝利として随喜しているとき、したがって福沢が思想家としての役割りをおわったとき」、福沢の「脱亜論」（日本はアジア諸国との関係を断って西洋文明を取り入れよ、とする論）批判をテコに、アジア主義がテーゼとして生まれたと述べ、第八項「岡倉天心」で次のように記す。

岡倉天心（名は覚三）は、アジア主義者として孤立しているばかりでなく、思想家としても孤立している。彼は同時代のどの思想家とも交渉をもたなかった。……

天心にあっては、美（そしてそれはほとんど同義の宗教）が最大の価値であり、文明はこの普遍価値を実現するための手段である。美は人間の本性に根ざすから、西欧だけが独占すべきでない。そのためには、「西欧の光栄がアジアの屈辱」（『東洋の覚醒』）である現状を変革することが急務であり、したがって「アジアは一つ」（『東洋の理想』）であらねばならない。

この「アジアは一つ」という命題は、のちに日本ファシズムによって〔樽井藤吉の〕『大東合邦論』におとらず悪用された。天心が「アジアは一つ」と言ったのは、汚辱にみちたアジアが本性に立ちもどる姿をロマンチックに「理想」として述べたわけだから、これを帝国主義の賛美と解するのは、まったく原意を逆立ちさせている。

第「九」項で、竹内は宮崎滔天の自叙伝『三十三年の夢』にふれる。若き滔天がアジア主義に目ざめ、韓国の金玉均を知り、フィリッピン独立運動に参加し、中国の康有為や孫文とも知己となり、最後は恵州蜂起に加わって挫折、浪花節語りの桃中軒雲右衛門の弟子となって各地を放浪するまでの、波乱の半生が語られ、そこには宮崎滔天的な「アジア主義」への心情があふれているが——。

「しかし」と竹内は第「十」項で「問題の再設定」をおこなう。

しかし、その〔滔天の〕心情は〔アジア主義の〕思想に昇華しなかった。言いかえると、滔天は天心と出あわなかった。それはなぜか、……

つまり、この時期のアジア主義は、心情と論理が分裂している。あるいは論理が一方的に侵略の論理に身をまかせてしまった。黒竜会イデオロギの最悪の部分だけが生き残った。それはなぜか、……

玄洋社＝黒竜会を、侵略主義の権化として手きびしく批判したのは、戦争中に『日本における兵士と農民』（太平洋調査研究会、一九四三年）を著わしたハーバート・ノーマンだが、かれは玄洋社を過重評価していると思われる（十一　玄洋社とその評価）と竹内は見る。

日本の対外膨張を、すべて玄洋社の功（または罪）に帰するのは、行き過ぎである。初期ナショナリズムと膨張主義の結びつきは不可避なので、もしそれを否定すれば、そもそも日本の近代化はありえなかった。問題は、それが人民の自由の拡大とどう関係するかということだ。……

おくれて出発した日本の資本主義が、内部欠陥を対外進出によってカヴァする型をくり返すことによって、一九四五年まで来たことは事実である。これは根本は人民の弱さに基づくが、この型を成立させない契機を歴史上に発見できるか、というところに今日におけるアジア主義の最大の問題がかかっているだろう。戦後になって突如としてアジアのナショナリズムという新しい問題が投入されるが……これが過去のアジア主義と切れて、天心なり滔天なり内田〔良平。黒竜会主幹〕なり大川〔周明〕なりと無関係に論じられることに、そもそも問題があるわけだ。

かくして竹内好は「アジア主義の展望」最終項（十二）で、「西郷〔隆盛〕の二重性」に言及し、展望を閉じる。

こうなるとアジア主義の問題は、一八八〇年代や一九〇〇年代の状況においてだけ考えるのでは不十分で、もっと古く征韓論争までさかのぼる必要が出てくるかもしれない。言いかえると、西郷の史的評価ということである。

……大川周明は北一輝を追憶して書いている。……「北君は、大西郷の西南の変をもって一個の反動なりとする一般史学者とは全く反対に、これをもって維新革命の逆転または不徹底に対する第二革命とした。そしてこの第二革命の失敗によって、日本は黄金大名の聯邦制度と、これを支持する徳川そのままの官僚政治の実現を招いた。……」

西郷が反革命なのではなくて、逆に西郷を追放した明治政府が反革命に転化していた。この考え方は、昭和の右翼が考え出したのではなくて、明治のナショナリズムの中から芽生えたものである。……

西郷を反革命と見るか、永久革命のシンボルと見るかは、容易に片づかぬ議論のある問題だろう。しかし、この問題と相関的でなくてはアジア主義は定義しがたい。ということは、逆にアジア主義を媒介にしてこの問題に接近することもまた可能だということである。われわれの思想的位置を、私はこのように考える。

竹内の投げたボールをどう受けとめるか

さて、今引用したように「西郷を反革命と見るか、永久革命のシンボルと見るかは、容易に片づかぬ議論のある問題だろう。しかし、この問題と相関的でなくてはアジア主義は定義しがたい。」と、重要な問いを投げかけたまま、竹内は「アジア主義の展望」の解説を閉じた。ところが、それから五十年あまり過ぎさった二〇一四年七月、竹内が投げたその問いかけを敢然と受けとめたひとりの論者があらわれる。『アジア主義——その先の近代へ』(潮出版社)の著者、中島岳志である。

中島は同書の「序章」に毅然と記す。

私はこの本で、近代日本のアジア主義について議論していこうと思っています。幕末以来、日本がどのようにアジアをまなざし、何を期待し、何に躓いたのかを、読者の皆さんと共に考えていきたいと思っています。……

――アジアの時代に、日本がどう生きていくべきか。アメリカとの関係をどうすべきか。アジアとどういう関係を結んでいくべきか。これからの日本人は、何を大切な価値として共有していくべきなのか。

そんな課題に向き合うためには、どうしても歴史と向き合わなければなりません。そして、そのためには近代日本の「アジア主義」が辿った顛末を捉えなおす作業が必要になると私は考えています。……

私は、アジア人であることを自覚的に生きていこうと考えました。アジアの思想伝統から近代を相対化し、そのプロセスを通じて「アジア的認識」に到達したいと考えました。

こうして、中島は竹内好を徹底的に論じ、大川周明に関心をもち、さまざまな「アジア的認識」を貪欲に獲得していく。

中島は、かつて竹内が論じたことのない新しい型の「アジア主義者」であり、その出現は「アジア主義」にとってひとつの事件であると言っていいであろう。

竹内の「アジア主義の展望」にそって、中島は「アジア主義」を三つの類型に分析・整理する。まず一つは「政略としてのアジア主義」。「これは、アジア諸国を日本の安全保障のための政略的な空間と見なしたり、資源獲得の場と考えたりする立場」。二つ目が「抵抗としてのアジア主義」。これは「国内の封建制や国際的な帝国主義によって苦しめられているアジアの民衆を救わなければならない」という義勇心で、アジア主義の初発の論理にあたる。そして三つ目が「思想としてのアジア主義」。これは岡倉天心などが提示したアジアの論理で「近代の超克」という問題を含みこみ、西洋近代の存在論や認識論を批判する潮流をいう。このうち竹内は二番目の「抵抗としてのアジア主義」と三番目の「思想としてのアジア主義」を、もっとも重視した。

中島はそれらの潮流を竹内の「大東亜共栄圏」体験にそいつつ分析し、「思想としてのアジア主義」（岡倉天心）と「抵抗としてのアジア主義」（宮崎滔天・吉野作造）の〝出会い損ね〟あるいは、もう一つの「抵抗としてのアジア主義」（黒竜会の内田良平）と「思想としてのアジア主義」（「非戦論」を主張した幸徳秋水）の〝出会い損ね〟を整理する。（第一章　竹内好はアジア主義に何を見たのか）

竹内が指摘した「二つの出会い損ね」とは「抵抗としてのアジア主義」が①「思想として

のアジア主義」へと昇華しなかったこと、②帝国主義批判という論理を内在化することができなかったこと、の二点です。竹内にとって、この二点こそがアジア主義がズルズルと侵略の論理に回収され「政略としてのアジア主義」にのっとられていった原因でした。

そして「竹内がぶつかった最後の難関は、西郷隆盛という存在でした。」と中島は論をすすめる。

――西郷が主張したとされる「征韓論」をアジア主義の中でどのように位置づけるべきなのか。そして、「征韓論」の中に潜む「侵略」と「連帯・解放」の両義性を、どのように捉えればいいのか。

竹内は解説「アジア主義の展望」の結論部分で、「西郷が反革命なのではなくて、逆に西郷を追放した明治政府が反革命に転化していた。」と書いていた。そして竹内は、すでにわたしも何度か引用したとおり、次のように「展望」を閉じる。

西郷を反革命と見るか、永久革命のシンボルと見るかは、容易に片づかぬ議論のある問題だろう。しかし、この問題と相関的でなくてはアジア主義は定義しがたい。ということは、逆にアジア主義を媒介にしてこの問題に接近することもまた可能だということである。われわれの思想的位置を、私はこのように考える。

だが、そのような竹内好に対して、中島岳志は『アジア主義——その先の近代へ』で、こう批判し、断言するのである。

竹内は最後の最後で重要な問いを投げかけたまま、議論を終えてしまいました。竹内は間違いなく西郷を「永久革命のシンボル」と見なしていますが、その根拠を明示しないまま、読者にボールを投げ出しました。

——西郷の征韓論は「永久革命」なのか、単なる侵略思想なのか。「自由を拡大する膨張主義」はそもそも可能なのか。

私は竹内の最後の問いは、アジア主義の思想的可能性を矮小化するものだと考えています。「自由を拡大する膨張主義」など、どこまで行っても帝国主義の別名でしかありえません。自由を与えれば異民族のトポスを収奪できるというのは、植民地主義者の発想そのものです。アジア主義の可能性は、そのようなところにはありません。いみじくも竹内自身が指摘するように、天心が示した「思想としてのアジア主義」にこそ、可能性の中心があります。

ここまで見てきたように、「アジア主義」の地下水流は複雑でしかも現実の日本に脈打っている。共に追究すべき問題は止むことがない。

「われわれの思想的位置」は、考えなおされねばならないのである。

『岡倉天心全集』編集のこと

本章の終わりで、平凡社版『岡倉天心全集』(全九巻)の刊行経緯について触れておきたい。

竹内の「岡倉天心」や「アジア主義の展望」に出会っていらいというもの、わたしはとくに岡倉がいだく中国の古代思想や日本古代美術に関することばに強くひかれた。

そしてそのころから〝天心〟のことを、かれの本名でありかれ自身がそう使ったように、「岡倉覚三」もしくは「Okakura Kakuzo」の表記であらわすべきだと考えるようになった。

生前、対外的にほとんど使用することのなかった号の「天心」は、真のナショナリストだった岡倉覚三の全人格を反映していないばかりか、その呼称は今次大戦においてあまりにも表層的な「大東亜共栄圏」の宣揚者にまつりあげられ、他人の思想の手垢にまみれたままである。ほんらいの名に正すべきではないか——。

さらに岡倉の主要著作の原文のおおくは英文である。戦前・戦中・戦後にでた全集や訳文をあつめて読みこんでいきながら、わたしはそれらの粗雑な編集・翻訳につよい不満をおぼえるようになった。日本文による著述や晩年にボストン美術館の紀要に発表した英文などをあたらしく翻訳・集成すれば、ゆうにそれまでの三倍以上の分量になることもわかってきた。わたし自身が岡倉の全作品をよみたいという、つよい衝動にかられた。それには、みずから編集するほかないだろう。

あたかもそのころのわたしは、日中国交の回復にともない雑誌『中国』は休刊、「中国の会」は解散となって仕事にあぶれていた。ところが幸運にも、平凡社の東洋文庫編集部の嘱託になんとかひろわれた。一九七四、五年のころである。竹内好の東京都立大学教授時代の生徒だったK氏が、平凡社の社員（東洋文庫）だったからである。またそのころの平凡社には『南方熊楠全集』（全一二巻）の校訂者として、もと『中国』編集の中心的人物のひとりだったI氏も、ときどき顔をみせていたので心づよかった。

ある日の昼食後の喫茶店で、K氏と百科事典美術担当の社員、鍵岡正謹氏とわたしの三人がいっしょのとき、新企画の話題に『岡倉天心全集』がのぼった。

「それ、やろう！」期せずして鍵岡氏とわたしが意気投合し、企画書はわたしが立案する、社内の根回しは鍵岡氏から部長におねがいする、ということがたちまち決まった。かくして、最終的にはA5判・平均五〇〇ページ・全九巻にふくれあがった『岡倉天心全集』が、刊行されることになっていったのである。と同時に、長男が生まれそうだったわたしは、史料収集のための三年間をふくめて、そのさき数年の生活がやや安定することにほっとしたことを覚えている。

鍵岡氏は奈良の旧家、父上は歌人で、保田與重郎と親しいと聞いていた。かつての日本浪漫派領袖の保田が、戦中の〝天心論〟『戴冠詩人の御一人者』の筆者であることはいうまでもない。また竹内と保田は、思想的へだたりはちいさくなかったが、大阪高校時代の同窓生で既知のあいだがらだった。もしこの新企画にふたりが参加され、本格的な岡倉論が全集に反映されるなら、日本の思想界に一石を投じることになるかもしれない。そういうかすかな期待が、わたしたち編集部になかったわけではなかった。

しかし結果的には、それはうまくいかなかった。理由はふたつ――ひとつは、「中国の会」を閉じてのちの竹内は背水の陣で魯迅の個人訳に取りくみ、ほかの仕事の余裕はまったくなかった。しかも、後から考えれば、そのころはすでに大病におかされていて体力が急激に衰えつつあったのである。

機をみて、岡倉全集の編集委員をお願いしたいと申しでたことがある。竹内は静かにパイプをくゆらせながら、否定も肯定もせずに、澄んだひとみをただ中空になげかけるばかりだった。

もう一つの理由は、保田にも、大要「天心については、もうわしのやることはない。」と、編集委員を断わられたのである。

竹内好は七七年春に他界したが、『岡倉天心全集』は四年後に完結する。

七六年六月、岡倉天心全集刊行委員会（安田靫彦・平櫛田中・前田青邨・岡倉古志郎・隈元謙次郎・下中邦彦）が発足。監修は安田靫彦・平櫛田中、題字は平櫛田中、装丁は山崎登。

七七年三月、竹内好病没。

七七年十一月、第一回の編集委員会議（岡倉古志郎・隈元謙次郎・木下順二・河北倫明・橋川文三）。

七九年十月、第一回配本（第三巻）。

八一年七月、全九巻完結。

編集や翻訳などでおおくのかたのお世話になった。とくに木下順二、橋川文三をはじめ大岡信、佐伯彰一、桶谷秀昭、高階秀爾など、中堅のかたがたの献身的なご協力はわすれがたい。

ところで日本語版全集の完結を待ちかねたように、一次、二次の倒産の危機が平凡社をおそった。編集部にはボストン美術館などから取りよせた未整理の英文史料が、まだ山とつまれたままである。いま整理、編集しておかなければ、日の目をみる機会は二度とおとずれないだろう。これらの原英文にこそ、岡倉の思想の核心があり、本書で深入りできないのは残念だが、わたしは岡倉の英文四部作、すなわち *The Ideals of the East*（『東洋の理想』）、*We are One*（『われらは一《いっ》なり』）。現在『東洋の覚醒』と訳されている）、*The Awakening of Japan*（『日本の覚醒』）、*The Book of Tea*（『茶の本』）の文体のうちに、竹内のいう「思想としてのアジア主義」の神髄が眠っていると確信している。

わたしは経営危機にある平凡社の重役に相談のうえ、ひきつづいて英文版を刊行することにきめ、そのための刊行資金集めを呼びかけることになる。一八九八（明治三十一）年に岡倉を評議員長として創立した、日本美術の総本山である日本美術院の援助も得て、約三年後の一九八四年に「Okakura Kakuzo; Collected English Writings」（3 vols. Heibonsha）が刊行された。日本語版全集を『岡倉覚三全集』と銘うてなかった五、六年間の鬱屈が、ようやく晴れたおもいだった。このときも少なからぬ人びとのお力添えがあったけれども、詩人の大岡信の身銭を切った資金協力を得たことは、ここに記しておくべきことだと信ずる。

戦後に岡倉の思想を発掘した竹内好に、日本語版や英文版の岡倉全集を批評してもらえなかったのは心残りなことだった。しかし、英文三巻本を監修者の木下順二に届けたときの、「誤植が見つからないね」のひとことはうれしかった。かれは編集者たちから、誤植を見つける名人と恐れられていたのだ。

【第五章】『魯迅文集』に賭ける

苦中の楽しみ

竹内好が魯迅の個人訳を本格的に再開したのは、雑誌『中国』を休刊し、「中国の会」をやめてから半年後、一九七四年、六十三歳の春ごろからである。前年の夏から、旧中国の会の事務所を仕事場として使いはじめていた。

わたしは平凡社の嘱託として『岡倉天心全集』の史料収集にしたがいながら、空いた時間はほとんど、竹内の翻訳の邪魔にならないよう仕事場と自宅のあいだを往復した。おもに机上整理と、事務所掃除のためである。

竹内が一日の訳業をおえて帰宅の途につくころ、あるいは飲み屋へむかう夕刻、わたしは事務所の鍵をあけ、連絡事項を処理し、それから開かれたままの魯迅の原文や史料の位置を、寸分もうごかさぬまま整頓する。緊張したが、はじめて目にする史料の表紙がちらちらと眼に飛びこんでくる興奮はおさえがたかった。獄中でカミソリ自殺したといわれる明末の思想家・李卓吾《りたくご》の著作（『焚書《ふんしょ》』『蔵書《ぞうしょ》』）の線装本《せんそうぼん》（日本でいう袋綴じにあたるとじ方をした本）が、机上に無造作に積まれていたこともある。自分の著作に〃焚書（焼かれるべき書）〃〃蔵書（蔵《かく》されるべき書）〃などとはげしい書名をつけた李卓吾は、中国近代化の過程で儒教批判のさきがけとして注目され、日本では幕末の志士吉田松陰につよい影響をあたえた人物だった。竹内は、ともに中国社会が大きく変動する時代を生きた思想家（李卓吾）と作家（魯迅）に、共通する何かをみていたのかもしれない。

竹内は、事務所では魯迅作品の改訳のみに集中したようで、ときにはもと東京都立大学中国文学科の卒業生たちと合同で訳文検討会がおこなわれた。

七五年三月二十九日、旧知の文筆家、村上一郎が日本刀で自殺した当日（むろん、偶然のことだが）、竹内は代々木の事務所をひきはらい、さらにいっそう翻訳に専念するために小平市のビルの一室にうつった。そこは竹内家の造作に出入りしていた一級建築士の庄《しょう》幸司郎の紹介によるもので、ゴーカート工場三階の四坪半ほどのあき室に、防音のめばりをほどこして改造したへやである。庄は、戦後に竹内『魯迅』の未來社版の編集を担当した松本昌次と昵懇だった。長谷部友樹、金盛正至ら数人の、もと中国の会会員とともに、大小のおもい中国語辞書をはこびこんだ。

このせまい密室で魯迅と格闘するのか……窒息してしまいそうだ――そこにみずからを追い込んでゆく竹内好の強靱な意志に、若いわたしたちは圧倒される思いだった。『竹内好全集』の年譜には、このころから『魯迅文集』（筑摩書房）の翻訳にかんする記事が頻繁にあらわれてくる。

〔一九七五年九月〕一九日、『魯迅文集』刊行開始を一九七六年九月とする。一〇月九日、『吶《とっ》喊《かん》』と『彷徨《ほうこう》』（『魯迅文集』第一巻）の最終稿を渡す。……一一月五日、『吶喊』『彷徨』の注、残り分を渡し終わる。……一二日、『故事新編』（『魯迅文集』第二巻）の訳稿渡し始める。

一九七六年（昭和五一）　六六歳

……一月二九日、『野草』（『魯迅文集』第二巻）訳稿を渡す。……

六月四日、『魯迅文集』第三巻（評論集の一）の注を渡す。七月二二日、第一巻の解説、難航の末ようやく脱稿。月末、身体不調を感ず。

こう見てゆくと四六時中、密室で肩ひじはって魯迅の原文と角つき合わせているように感じられるが、苦中おのずからささやかな楽しみもあったようである。

つぎの一文は、札幌の文芸誌『北方文芸』に寄せた「一九七六年春」の「近況報告」である。女性編集者への返事のせいか、竹内にはめずらしく肩の力のぬけた、やや甘えた口吻すらかんじられるエッセイだ。

ふだんは毎日出勤です。出勤というのは、自分の仕事場に通うことです。……片道一時間の距離です。ラッシュの波と逆方向だから、電車もバスもすいています。

この往復がじつに楽しい。というのは、四季とりどりの花が見られるからです。いまは梅が過ぎ、モクレンの盛りが過ぎて、桜が咲きかけています。……

この仕事場通いはちょうど一年になります。あと一年つづく予定です。ひるま七時間、ひとりで密室にこもるのは、辛くないといったらウソですが、これまた苦中おのずから楽しみもあります。仕事は魯迅の個人訳ですが、今度は註を加えるので、その註のために雑書をあさる楽しみがあります。苦しみといってもおなじことですが。

前に雑誌づくりの作業場が代々木にあって、そこへ通っていたころは、新宿で途中下車する楽しみがありましたが、今では新宿の灯が遠くなりました。そのせいか、たまに乱酔することがあります。いけませんねえ。

来者によって私の訳が克服されるために

竹内は生涯に数度、魯迅の訳文の改訳をこころみている。初訳は岩波版『魯迅選集』（一九五六年）、ついで同選集の改訂版（六四年）、そして今回の個人訳『魯迅文集』（全六巻、筑摩書房、七六年。以下『文集』としるす）である。竹内個人訳『魯迅作品集』（筑摩叢書・全三冊、六六年）は、岩波版選集とまったく同じ訳文である。

さてここで、竹内の翻訳論・改訳論および翻訳そのものについて、少しくわしく見ておきたい。苦心してようやく日本語にした自分の訳文を、ながいときをへて社会的・文化的にも変化した状況のもとで、あらたに翻訳文学として問いなおす――錆びつきそうになった鋭利なはがねをふたたび透明になるほど真っ赤に焼きこみ、いまいちど打ちなおして時代を貫きとおす切れ味を吟味・確認する作業にもにている。

私は翻訳のとき、とくに魯迅の翻訳のとき、できるだけ表現を切りつめる努力をしている。密度の濃い文章が魯迅の志すところであり、わたしの理想もまたそこにあるので、魯迅を訳していると共鳴状態がおこって、この点は快い。……しかしそれが、一面では危険を伴うことを私は承知している。……

翻訳というものは、散文の場合は、原作の味の二割が削られ、別の味が二割つけ加えられる程度ですむのが最良の翻訳だというのが私の持論である。それさえも実現困難である。原作者と翻訳者の間の共鳴状態は、成功すれば効果が大きいが、一歩あやまると欠点が自乗されるおそれもある。……翻訳者の理解は八割、読者の理解はそのまた八割、結局原作の三割か四割引きの程度が理解の限界ではないかと思う。

……つまり四割程度は勝手に解釈してよろしい。批評の混乱は、解釈のちがいからおこるよりも、一〇〇パーセント理解が前提されることからおこる方がはなはだしいと考える。

（「疑問と要望に答える」『魯迅友の会会報』第一二号、五八年三月）

……訳文は原文の字数の五割加算というところが標準だ。……訳文の字数の多寡は、むろん、出来ばえとは直接には無関係だ。しかし、まったく無関係といえるかどうか。……これはまったく私の好みなのだが、短くできるところは短くした方がいいように思う。……鷗外の文章観がそうだし、魯迅の文章観がそうだ。……私の文章観は、人に笑われるのをあえて気にせずに言えば、正確さは美しさと一致するし、短い方が正確さに近づくという独断から成り立っているように思う。……

〔中国語の翻訳は、訳文の長さのほかに、できるだけ主語を省き、思い切って感覚的な文にすること、そして〕語と語を対応させる訳し方は絶対に採用すべきでない。いやこれは不可能だということを訳者が最初から腹にすえておかねばならぬ。合成語〔である中国語〕を分解すると、日本語では句になってしまうので、対応させようにも対応しなくなるのだ。

（「転形期」六三年九月X日）

私は今年で満五十四歳になった。……いくつかの夢を捨てたが、魯迅だけは捨て切れないでいる。もう一度、全力をあげて魯迅に取り組みたい。今が唯一の残されたチャンスだと思う。来者によって私の訳が克服されるためにも、もう少し上等の目標を設定しておきたいのである。

（『魯迅友の会会報』第三三号、六四年十月）

竹内は『文集』の「改訳を前にして思う」（七〇年冬）に、いま一度個人訳を発意した動機を、自分の訳文の文体がふるびたので大改訂をほどこしたい、と同時に翻訳の量をもっと追加したいからだ、とのべている。そして、次のようにかいている。

翻訳に当たってのいちばんの難関は、訳文の文体の選定の問題である。むろん、選定とはいっても、その幅は訳者の固有の文体の幅を出ることはできない。
……〔今度の改訳では、漢字や漢語的表現をへらす方針だが〕ただ、漢語あるいは文語的表現をへらすといっても、簡潔を旨とする方針だけは断乎として貫くつもりである。わかりやすくするという老婆心から文が冗長になるくらいなら、むしろ現代になじまぬ漢語的文脈の簡潔さを残したい。それが私の文章観の根本だから、この点は譲るわけにいかない。またそれが魯迅にふさわしいと私は思う。

（「改訳を前にして思う」）

七五年十月十日、竹内は岩波市民講座で長時間にわたり「日本における魯迅の翻訳」について講演した。満員の会場で資料がくばられ、そこには過去の訳者たちによる「故郷」おわり部分の、おなじ個所の十二種の訳文例があがっていた。

日本語には擬音がおおい。魯迅の原文「聴船底潺潺的水声」の、船底からきこえてくる「潺潺《チャンチャン》」だけでも「ぴたぴた」「じゃぶじゃぶ」「せせらぎ」「ヒタヒタ」「ザアザア」「はたはた」——歴代の翻訳を年代順にひきくらべつつ、竹内は自分の訳を俎上にのせる。初訳は「船底にさらさらという水音をききながら」（五三年）、そして「竹内好改訳（未発表）」すなわち『文集』に掲載する訳文（七七年）は「船の底に水のぶつかる音をききながら」と、擬音が消されている。

この講演で翻訳者竹内好は、魯迅の読者である聴衆の市民にうったえている——「訳者は作者のなかに踏み込んで、作者の意識する以上のものを訳として出すのがほんとうでしょうね。難しいことであるけれども、努力目標としてはそうなければいけないと思うのです。」

古本『労働者セヴィリヨフ』

さて「中国の会」が解散した当初、わたしは代々木のもとの事務所ちかくにすんでいたが、竹内が小平に引きこもって魯迅の改訳に専念しはじめたころは、竹内家（吉祥寺東町）まで自転車で十五分ほどの武蔵境にうつっていた。

ときどき吉祥寺駅前のサンロード商店街を散策した。ある小雪のちらつく夕刻、襁褓《むつき》のとれぬ児をだいてわたしたちがうろついていたところ、翻訳帰りの竹内とばったりでくわした。すこし風がでてきて、息子の紅い頬にも小雪が舞った。竹内は息子をのぞきこみ、笑顔で「はやく帰らなきゃ、寒くなるぞ」というと、すたすた行ってしまった。

後日、竹内夫人は笑いながら「パパが、あんな寒い日に嬰児を連れだしてはいけないと伝えろ、っていってたわよ」と、妻に語ったそうである。

一、二週間後、魯迅が読んだはずのアルツィバーシェフ著『労働者セヴィリョフ』の日本語版（中島清訳、金桜堂書店、一九一四年）の古書をさがしてくれ、とメモをわたされた。わたしはむろん、その本を見たことも聞いたこともなかった。あくる日から、あてどない神保町の古書店めぐりである。勘で、しらみつぶしに当たってゆくしか手はなかった。

ところが窮すれば通ずというべきか、三日目に、神保町交差点の裏手にあった間口一間ほどの瀟洒な古書店のたなに、なんとその現物が鎮座しているのを見つけたのである。値段はしっかり、三〇〇〇円ついていた。竹内は一万円札をわたしてくれながら「おつりはいらない、また頼むだろうから」とひとこと。帰宅後、正直にそのはなしをしたら、妻はいちだんと竹内のファンになったようであった。

欅並木とハーフ&ハーフ

一九七六年の夏ごろから、竹内の体調は目にみえて思わしくなくなってきた。まだ病巣は特定できていない。はた目にも病気による肉体的な疲労がはげしく、小平の仕事場への〝通勤〟は週に三日、竹内家の乗用車をわたしが運転して送り迎えすることになった。

気が引きしまったが、竹内の送迎はわたしにはうれしいことだった。吉祥寺から小平までの往復は五日市街道をとおらずに、なるべく裏道をえらぶのが習慣になっていた。わたしは空気が流れるように運転することをこころがけ、仕事場へつくまでの三十分、竹内は終始無言であることがほとんどだった。

往路十七、八分で鈴木町にいたる。そこを通過する二、三分間の直線は、国の天然記念物に指定された欅の大木の並木がみごとである。竹内はその数分前になるときまってパイプをとりだし、好きなきざみタバコのハーフ&ハーフを詰め、ちょうど通過する時分にマッチをすり、欅の大木をあおぎながらフウッと、深く吸いこんだパイプのけむりを吐くのだった。

簡潔こそ魯迅の精髄

病をおしての改訳の執念が、衰えることはなかった。竹内はあまたの魯迅の読者にむかって、まるで挑むかのようにくりかえし語りかける。

私の考えでは、翻訳の要諦は精読である。逆に精読の手段が翻訳であるというべきかもしれない。註はいわば補助手段、ごまかしを自分に封ずるための註づくりである。

（七六年六月「金銭感覚について」）

魯迅とはわれわれにとって、いったい何なのか。この問題を読者といっしょに考えたいのが、今回の改訂増補に際しての訳者の最大のねらいだった。いわば雲の上の魯迅を、もう一度われわれの身辺へ引きよせてみたいのである。そのためいくつかの工夫をした。第一に、冗長な既訳の文体をできるだけ簡潔にした。第二に、日本関係の記事をできるだけ多く拾った。そして第三に、できるだけ詳しい訳註をつけた。……

（七六年八月『魯迅文集』訳者のことば）

既訳の古い分は、三十年近く前のものである。……自分の文は書き換えるわけにはいかないが、翻訳なら訳し直すことはできる。むろん、新人の新訳によって駆逐されるほうが……いっそさっぱりするだろうが、現状はそうなっていない。口幅ったい言い方で恐縮だが、私から見て私の訳を越えるものがまだ出ていない。いきおい自分が試みるほかなかった。

なにが不満かというと、語学的誤り（これだって無数にある）はさておき、その最大のものは文章の冗長さだった。そして原文の最大の（唯一ではない）特徴が、冗長と反対のもの、文章の簡潔さである。

魯迅は、小説の材料をスケッチに縮めてもよいが、スケッチの材料を小説に引き伸ばしてはならない、と戒めている。また、かれは文語絶対反対論者だが、口語でどうしても簡潔な表現ができぬときは、そこだけ文語的になってもやむを得ないとも述べている。簡潔こそかれの精髄である。私をふくめての魯迅訳者は、読者に誤ったイメージを植えつけているのではないか。……

これまで私は、魯迅の小説のまずさを、単純に近代文学としての未成熟と考えていたきらいがあった。今度、改めて魯迅文学を精読した結果、近代文学という観念そのものをもっと疑うべきだと気づいた。かれのなかには意外な未来性が隠されていて、発掘を待っているのかもしれない。私は自分に発掘の力があるとは思わないが、私とまったく感性のちがう、いわゆるマンガ世代のなかから、ひょっとして発見者が出るかもしれないという気はする。私の役割はその偶然に素材を提供するに尽きる。

（七六年十一月「新訳『魯迅文集』について」）

【第六章】『魯迅文集』をひもとく

本章では『魯迅文集』をひもとくことからはじめよう。竹内好の訳文そのものに少しでも分け入ることによって、かれが魯迅文学のなにを日本人につたえようとしたのか——を、考えたいのである。

『文集』の内容見本

『魯迅文集』の第一巻が発売されたのは一九七六（昭和五十一）年十月八日、そのほぼひと月まえに全七巻の内容見本がつくられ、主要なメディアや書店に配布された。吉祥寺の森本病院で、竹内の病原がはっきりする前後である。すなわち、この内容見本の文言はすべて、竹内の眼が通っているのである。

内容見本はB４変形四つ折り観音開き。表紙面から裏表紙面にかけて、暗黒の宇宙に飛び散ってゆく大小の星くずを彷彿させるたくさんの墨滴が白くぬかれている。左右の中央に遺影とおぼしき魯迅像の木刻版画がかかり、文集の造本・体裁写真（四六判・上製・貼函入・平均４２０頁・各巻2400円）があしらわれている。

「文学者魯迅の真髄を凝縮する決定版〔白ぬき文字〕」「魯迅文集　竹内好個人訳　全7巻　筑摩書房〔以上、金文字〕」「第一回発売：一〇月八日『吶喊』『彷徨』第1巻……以後隔月巻数順配本……」などの宣伝文句。つづいてその下に、切り取り用の予約申込用紙が印刷されている。

観音開きの最初の見開きには筑摩書房の「刊行にあたって」、および大江健三郎「われわれのアジア文学」・埴谷雄高「竹内の魯迅か、魯迅の竹内か」・色川大吉「私たちの存在を激しく打つもの」・武田泰淳「空頭の文学者となるなかれ」の、四つの推薦文がならぶ。

刊行にあたって●筑摩書房

本年〔一九七六年〕十月、魯迅没後四十周年を期して刊行の運びとなりました竹内先生個人訳による『魯迅文集』全七巻は、一九五三年『魯迅作品集』刊行以来の小社の念願であり、準備を重ねてきたところでありました。竹内先生多年のご苦労によってここに完成を得ます決定訳文集は、この稀有の文学者の真髄を伝えて遺憾なきものと確信いたします。

読者各位の味読を賜らんことを念願し、御支持をお願い申し上げます。

四つの推薦文のうち、埴谷雄高のことばをここに紹介しておきたい。竹内好を深く識るひとの言であり、一般の読者が翻訳というものに近づけるよう、簡潔に説かれている。

竹内の魯迅か、魯迅の竹内か●埴谷雄高

翻訳の最高は、著者と訳者が或る種の分身にほかならぬ場合である。言い換えれば、言葉を異にし、時を違えて生れあわせたとはいえ、そこにほかならぬ自己を発見し、また、まぎれもなく自己を確認するとき、その分身者の翻訳は、さながら一個の自己表白のごとく、最高のものとなる。ボオドレエルのポオ翻訳以来、私達はいま、竹内好の魯迅訳に接して、竹内の魯迅か、魯迅の竹内か、という並々ならぬ標語を高く掲げ得ることになったのである。

内容見本の四つの頁を全開すれば左右七〇センチにもなり、「訳者のことば」、各巻の特徴と収録作品の詳細、魯迅略年譜、訳註・組み方見本が配され、処々に魯迅の肖像や旧居の写真がレイアウトされている。

『魯迅文集』全体の構成内容を把握しておくために、「訳者のことば」と各巻の特徴を列挙しておこう。

訳者のことば●竹内好

三十年前には魯迅の名は、日本の読書人の耳にまだ熟していなかった。今では熟を通り越して、なかには拒絶反応をおこす人さえいるかもしれない。時のいきおいというものだろう。今日の中国で魯迅が、ほとんど近代文学の総過程を代表する歴史人物に仕立てられつつある現状が一方にあり、それと見合う形での日本的な順または逆の現象が他方にある。この事実は認めるほかない。なにしろ文学状況がまったく相反してしまったのだから。では魯迅とはわれわれにとって、いったい何なのか。この問題を読者といっしょに考えたいのが、今回の改訂増補に際しての訳者の最大のねらいだった。いわば雲の上の魯迅を、もう一度われわれの身辺へ引きよせてみたいのである。そのためにいくつかの工夫をした。第一に、冗長な既訳の文体をできるだけ簡潔にした。第二に、日本関係の記事をできるだけ多く拾った。そして第三に、できるだけ詳しい訳註をつけた。この試みが成功したかどうか、刊行を前に不安にかられる。

各巻の特徴と、おもな収録作品はつぎのとおりである。

〔第一巻〕第一作品集『吶喊』、第二作品集『彷徨』の全訳。せまい意味での小説に分類できるもの。文学革命の理念を実作によって初めて示し、中国近代文学の出発点となった作品群。——狂人日記、故郷、阿Q正伝……

〔第二巻〕散文詩集的な『野草』（第三作品集）、自伝的回想記の連作『朝花夕拾』（第四作品集）、神話・伝説・古代史に取材した『故事新編』（第五作品集）の全訳。——影の告別、藤野先生、剣を鍛える話……

〔第三巻〕『新青年』誌の「随感録」欄に書かれた短文、「民国以来のもっとも暗黒なる日」に書かれた「花なきバラ」など、魯迅の特徴である短文批評の芽を覗える北京時代の評論（一九一八～二六）。——わが節烈観、ノラは家出してからどうなったか、「フェアプレイ」はまだ早い……

〔第四巻〕北京を脱出し、厦門、広東と危険を避けて居を移し、上海へ定住する時期の評論（一九二六～三〇）。革命の根拠地での「革命」についての省察と状況論は「寸鉄よく人を殺し、一刀血を見る」と評された。論争者魯迅の面目躍如たる一巻。——「阿Q正伝」の成り立ち、非革命的な急進革命論者……

〔第五巻〕当局の弾圧のため自由な意見発表の場を奪われ、多数の筆名と「奴隷の文章」を用いることを余儀なくされながら、なお屈せずに書き続けられた時局批評のアンソロジー（一九三一～三四）。——どうして私は小説を書くようになったか、忘却のための記念……

〔第六巻〕　日本の中国侵略が進むなかで行なわれた文学論争関係の文章など、政治変革期における文学者像を明確に示す、魯迅晩年の評論（一九三四〜三六）。――「文人は軽蔑し合う」、世間の噂はこわい……

〔第七巻〕　全くの私信でありながら同時に書簡体の教養小説とも読める魯迅と許広平との往復書簡集。二人の関係は師弟、愛人、夫婦と発展する。応答形式を含むため魯迅の思想がより理解しやすい形で表わされている。――『両地書』の全訳。

以上、内容見本を見渡して気づくことは、『魯迅文集』は当初、第一巻の竹内解説にもあるように、全七巻で企画され進行していたということである。しかしながら七七年三月三日、第三巻の刊行直前に竹内は他界した。本文の訳稿は第四巻以降もすべて生前の竹内の手になるものだが、訳註は（第四巻の一部をのぞいて）かつての竹内の都立大の生徒たちを中心とした「補註者」（合計十九名の協力による）が付すことになった。

ところが『文集』は第四巻、第五巻、第六巻とつづけて刊行されていったものの、第七巻（両地書）のみはなぜか、ついに出版されなかったのである。第一巻の解説に、「三巻以下は、もと一冊だった評論……を四冊にふやしたのと、別に『両地書』を追加したのが新味である」とまで、竹内が記しているにもかかわらず――。

『魯迅文集』第七巻が刊行されなかった事情が、出版社から読者に告知されたのかどうか……。そのごに出版されたちくま文庫版『魯迅文集』も六冊本で、『両地書』が省かれた経緯についてはふれていない。思うに、『文集』第七巻に収録の予定だった「両地書」（魯迅と許広平〈のちの魯迅夫人〉の往復書簡集）は、かつて竹内好（魯迅を担当）と松枝茂夫（許広平を担当）の共訳で『魯迅選集』（第三巻、四巻、岩波書店、一九五六年）に収録されたが、今回、竹内の病没によって竹内個人による許広平訳ならず、『文集』第七巻の刊行は取り止めたものであろう。

『文集』第一巻・『吶喊』自序

いよいよ、竹内好が魂魄をかけて取り組んできた魯迅の翻訳文に直接、向きあうときがきた。とはいうものの『文集』全巻にふれるわけにはゆかない。ここでは「『吶喊』自序」と、魯迅の最初の小説「狂人日記」についてのみ、問題提起の意味をふくめて、そのほんのさわりに言及するにとどめる。残念ながらいまは、わたしの好きな散文詩的作文（「野草」）や神話・伝説に取材した『故事新編』、あるいは「寸鉄よく人を殺す」評論のかずかずにはふれ得ない。

いま手もとに開いている『魯迅文集第一巻』（一九七六年一〇月八日初版第一刷発行）の奥付の裏頁には、「一〇月九日　竹内老師給我」とボールペンのメモがあり、そばに紙封筒にマジックで「中村君渡し」と書かれた竹内の文字が、切り貼りされている。竹内宅で、見本刷りを直接に手わたされたのである。

第一巻の解説によると、竹内は『文集』全七巻（実際は全六巻におわった）を翻訳・構成するとき、「その分野（ここでは近代から現代へかけての中国文学）が専門でない読者」「ある程度の知的水準を具えた、しかし中国または中国文学については専門知識のない、そのような」読者を、一般読者として想定したという。

一九一八年における魯迅の文学的出発、すなわち『吶喊』に収録した最初の小説「狂人日記」を同人誌『新青年』に掲載したのは、中国における近代文学の形成、言いかえると新文壇の形成と軌を一にしていた。その意味で魯迅は先駆者のひとりであった。かれは近代文学（中国でいう新文学）の全過程に立ち会うことになる。

魯迅の日本での読まれかたには変遷があって、一九三〇年代と戦後ではちがうし、戦後もいくつかの段階に分かれよう。岩波版『魯迅選集』がでてから二十年、時代はすっかり変わり、魯迅研究も格段にすすんだ。それと見合って、魯迅の伝記なり作品なりをこまかに解説する必要がないほどに、一般の知識が向上した。むしろ現象的には、魯迅の虚像が氾濫している。いまは広く浅くではなく、狭く深く、改めて重点的な掘り下げを試みるべきではないか——。〔第一巻「解説」を参照した。〕

さて『吶喊』「自序」には、三十代後半の魯迅がどのようにして小説に手をそめてゆくか、その経緯が書かれている。魯迅は二十代のはじめ日本に留学し、仙台医学専門学校に入学（二十四歳）、学校で眼にした戦争ニュースのスライドで、中国人がロシア軍のスパイのかどで日本軍に頸を斬られるところに遭遇した。

以下、魯迅の文章の引用は注記のないかぎり、竹内好訳（『魯迅文集』第一巻、あるいはそれを転載した岩波文庫『阿Q正伝・狂人日記』）である。

　あのことがあって以来、私は、医学などは肝要でない、と考えるようになった。愚弱な国民は、たとい体格がよく、どんなに頑強であっても、せいぜい下らぬ見せしめの材料と、その見物人になるだけだ。病気したり死んだりする人間がたとい多かろうと、そんなことは不幸とまではいえぬのだ。むしろわれわれの最初に果すべき任務は、かれらの精神を改造することだ。そして、精神の改造に役立つものといえば、当時の私の考えでは、むろん文芸が第一だった。

（「自序」）

魯迅は日本で、数人の同志と同人誌をだそうとした。しかし失敗、これまで経験したことのない、果てしれぬ荒野にたったひとりで立っているような味気なさを感じるようになり、それを「寂寞《せきばく》」となづけた。北京にもどり、寂寞を取りのぞくために、ふるい碑文の筆写に没頭する。

そのころ、時たま話しにやってくるのは、古い友人の金心異《チンシンイー》であった。手にさげている大型の鞄をぼろテーブルの上にほうり出し、うわ着を脱いで、向かいあって坐る。犬ぎらいだから、まだ心臓がどきどきするらしい。

《きみは、こんなものを写して、何の役に立つのかね？》ある夜、わたしのやっている古碑の写本をめくりながら、かれはさも不審そうに訊ねた。

《何の役にも立たんさ》

《じゃ、何のつもりで写すんだ？》

《何のつもりもない》

《どうだい、文章でも書いて……》

かれのいう意味が私にはわかった。かれらは『新青年』という雑誌を出している。ところが、そのころは誰もまだ賛成してくれないし、といって反対するものもないようだった。かれらは寂寞におちいったのではないか、と私は思った。だが言ってやった。

《かりにだね、鉄の部屋があるとするよ。窓はひとつもないし、こわすことも絶対にできんのだ。なかには熟睡している人間がおおぜいいる。まもなく窒息死してしまうだろう。だが昏睡状態で死へ移行するのだから、死の悲哀は感じないんだ。いま、大声を出して、まだ多少意識のある数人を起こしたとすると、この不幸な少数のものに、どうせ助かりっこない臨終の苦しみを与えることになるが、それでも気の毒と思わんかね》
《しかし、数人が起きたとすれば、その鉄の部屋をこわす希望が、絶対にないとは言えんじゃないか》
そうだ。私には私なりの確信はあるが、しかし希望ということになれば、これは抹殺はできない。なぜなら、希望は将来にあるものゆえ、絶対にないという私の証拠で、ありうるというかれの説を論破することは不可能なのだ。そこで結局、私は文章を書くことを承諾した。これが最初の「狂人日記」という一篇である。（「同前」）

「狂人日記」は〝魯迅〟の筆名でかいた小説の第一作であり、どうじに中国近代文学のさいしょの作品でもある。古い社会制度と儒教的なイデオロギーにたいする呪いを暴露するもくてきで、狂人の手記の形式をかりて『新青年』（四巻五号）に発表した。魯迅三十八歳の夏である。
「狂人日記」を書いたとき、中国に口語文（口で話すことばで書いた文章）はまだなかった。言語学者の胡適《こせき》が口語を提唱したが、それは文語の発想を口語に翻訳したものにすぎず、魯迅は表現の形式が定まっていないところから執筆に挑まなければならなかった。狂人の心理描写や生本能の恐怖感の表現などは、おなじ題名の小説「狂人日記」をかいたロシアの作家ゴーゴリや、「狼は狼を食わぬが、人間は人間を食う」とのべた同じロシアの短篇小説家ガルシンの思想から影響をうけていると、竹内はみている。

……「狂人日記」の〔原文の〕文体は、口語とも文語ともつかない、一種奇妙なものだが、このような破壊的な文体は、狂人心理の描写の必要からというより（結果的にはそれを助けて成功させているが）、既有の文体破壊の意識から出ているように思われる。……この文体創造の苦心は、大変なものだったろうと思う。……彼の目指しているのは口語である。しかしそれは、胡適風の、俗に流れた、停滞的な口語ではない。それに反逆する、生きた人間のいきいきした口語――人民の言葉、解放された人民の言葉である。

（『魯迅入門』講談社文芸文庫、一九九六年）

同文庫の「狂人日記」の解説「作品の展開」（竹内好）から、小説の梗概を引用しよう。――

最初に、いまは全快した被害妄想狂が発狂中に書いた手記の束を、その兄から見せてもらったいわれと、それが面白いので整理して発表するという、編者の断り書き（これは文語）がついている。狂人の恐迫観念の内容は、家族と隣人が共謀して自分を殺して食うのではないか、ということだ。四千年の人食いの歴史、親を養うために自分の子を殺した「孝」の道徳、隣村で人を食った噂、辛亥革命のとき革命者……の心臓をえぐって食った軍閥の話、などの連想が恐迫観念のもとである。それがさらに発展して、自分の妹が死んだのは、兄が殺して食ったのではないか、自分は人食いの弟ではないか、また、自分も知らないあいだにそれを食わされたのではないか、自分も人食いだ、人を食った自分は人から食われるのを免れることはできない、という恐怖になる。まだ人を食わない子供にしか救いはない。「子供を救え」という句で結んである。

竹内の「狂人日記」の初訳は一九五六年六月（『魯迅選集』所収）、改訳は二十年後の七六年十月（『魯迅文集』所収）である。すでに引用したが「口幅ったい言い方で恐縮だが、私から見て私の訳を越えるものがまだ出ていない。いきおい自分が試みるほかなかった。」（「新訳『魯迅文集』について」）と竹内は述べている。

「狂人日記」の初訳と改訳について

では初訳と改訳には、訳文にどのような違いがあるのだろうか。わたしたち一般読者にとってはかなり煩瑣ではあるが、竹内の長年にわたる翻訳作業、すなわち魯迅の思想と文体を解明するてがかりは、そこを腑分けしてみるほかはないように思われる。一端を垣間見てみよう。

両者の一字一句はもちろん、改行、文字のひらき、句読点の場所、よみ仮名、などの変化を注意ぶかく比較して、訳者である竹内の位置に、すなわち可能なかぎり魯迅のことばの位置に、みずからを置いてみる必要がある。

以下、初訳は（A）、改訳は（B）と表記し、――（傍線）は竹内が問題ありとした初訳個所、〜〜（波線）はその問題個所の改訳を示す。

【「狂人日記」冒頭、小説中の編者の断わり書き部分。原文は中国語の文語文体でかかれている。「民国七年四月二日」の日付けから、「狂人日記」がかかれた時代情況がうかがわれる。前年（民国六年、一九一七年）の一月から二月にかけて、『新青年』に胡適の「文学改良芻議《すうぎ》」や陳独秀の「文学革命論」が掲載され、いわゆる〝文学革命運動〟がはじまっていた。魯迅の小説は形勢に先鞭をつけたといえる。】

（A）　某といえるもの兄弟、いまその名を秘すも、みな余が往時、中学校にありし時代の良友なり。隔て住むこと多年、音信ようやく稀なりし。さきごろ、たまたまその一人の大病せし由をきく。あたかも故郷に帰るに際し、道を迂回して訪れつるに、一人にのみ会えりしが、病みしは弟なりという。遠路の見舞いかたじけなし、されど当人は病すでにいえて、某地に候補となりて赴任せり、かく言いもて大いに笑い、日記帳二冊を取り出して余に示して曰く、これを見給え、当時の病状を知り給わん、旧友に献ずるは差支えなし、と。持ち帰りて一読するに、けだしその病「被害妄想狂」の類なりしことを知る。語るところきわめて錯雑し、順序次第なく、荒唐の言また多し。月日は記さざれど、墨色と字体の一様ならざるにより、その一時に成りしにあらざるや必せり。間にやや脈絡を具うる箇所あり、いまこれを抜粋して一篇となし、医家の研究材料に供せんとす。日記中に語の誤りあれど、一字も訂正せず。ただ人名のみは、すべて村人にして世の有名人ならず、憚るところなしといえども、すべてこれを改めたり。さらに書名は、もと本人の全快後に題せしものなれば、あえて改むることなし。民国七年四月二日しるす。

（B）　某君兄弟、いまその名を秘すも、共に余が往時、中学校にありしころの良友たり。隔て住むこと多年、音信ようやく稀なりき。さきごろ、たまたまその一人の大病せし由をきく。あたかも故郷に帰るに際し、道を迂回して訪れつるに、会いしは一人のみ、病者は弟なりと。遠路の見舞いかたじけなし、されど当人は病すでにいえて、任官のため某地に赴けり、かく言いもて大いに笑い、日記帳二冊を取り出して余に示して曰く、これを見給え、当時の病状を知り給わん。旧友に献ずるは支障なし、と。持ち帰りて一読するに、けだしその病の「被害妄想狂」の類なりしを知る。語るところきわめて錯雑し、順序次第なく、荒唐の言また多し。月日は記さざれど、墨色と字体とも一様ならざれば、その一時に成りしにあらざるや必せり。間にやや脈絡を具うる箇所あり、いまこれを抄して一篇となし、医家の研究材料に供せんとす。日記中に語の誤りあれど、一字も訂正せず。ただ人名は、すべて世に知られざる村民、実名を憚るべきに非ずといえども、あえて変名とせり。書名は本人の全快後に題せるものなれば改むることなし。民国七年四月二日しるす。

　改訳の「断わり書き」訳文の量は、初訳より全体で約一〇パーセントちかく短くなっている。他の訳文でも言えることだが「内容見本」で竹内がのべているように、改訳は「雲の上の魯迅を、もう一度われわれの身辺へ引きよせ」るために「冗長な既訳の文体をできるだけ簡潔にした」、その具体例である。少しでも短く、簡潔にしたばかりではない。語彙や言いまわしがより今日的で、若年層にも親しみやすくなっている。

　たとえば冒頭の「某といえるもの兄弟」が「某君兄弟」、「中学校にありし時代の」→「〜ありしころの」、「一人にのみ会えりしが、病みしは弟なりという。」→「会いしは一人のみ、病者は弟なりと。」、「某地に候補となりて赴任せり。」→「任官のため某地に赴けり、」のように。

　「狂人日記」の本文の原文は民国初期の文語調口語文体で書かれており、長短あわせて十三の節に分かれている。ここでは一節、十二節、十三節の初訳と改訳を比較する。改訳はもとよりなめらかな口語句調を目指していて、作者の深層心理にまで迫るかのようである。

（A）一

今夜は、月がいい。

おれはあれを見なくなってから、三十年以上たつ。今日は見たから、気分がじつにいい。してみると、これまでの三十年以上は、まったく正気でなかったわけだ。だが十分用心しなきゃならん。でないと、あの趙家の犬がなぜおれをじろじろ見るのか。

おれはダテにこわがってるんじゃないぞ。

（B）一

今夜は、月がいい。

おれはあれを見なくなってから、三十年あまりたつ。きょうは見たから、じつに気分がいい。してみると、これまでの三十年あまりは、何もわかっていなかったわけだ。だが用心はしなきゃならん。でないと、なぜ趙家の犬がおれの顔を二度もにらんだか。

おれは伊達や酔狂にこわがるんじゃないぞ。

一節目（A）「気分がじつにいい。」は、約二十年後に（B）「じつに気分がいい。」に改まった。副詞の位置が前後するだけで、味わいがガラリとかわった。声に出してよんでみるとなおさらである。

趙家の犬が（A）「おれをじろじろ見る」は（B）「おれの顔を二度もにらんだ」に、「ダテにこわがってるんじゃないぞ。」は（B）「伊達や酔狂にこわがるんじゃないぞ。」に変化している。「伊達や酔狂に……」の原文は「我怕得有理。」（おれが恐がるのには理由《わけ》がある―引用者の直訳）である。竹内は初訳の「ダテに……」を改訳では「伊達」と漢字にかえ、「酔狂」を追加した。魯迅の原文はひとつなのに、この訳文の変化はなにを意味するのだろうか。

初訳での誤訳を改めた、ということではない。「見栄をはったり、もの好きで、犬を恐がっているんじゃないぞ」つまり、そのあとに連想される人が人を食うことへの恐怖を暗示していると考えられる。「おれが恐がるのには理由がある」という、狂人のことばで魯迅が表現しようとしたことを、いっそう奥深いところでとらえ、それを日本語でいかに表現するか――そこに竹内の改訳の苦心があったと思われる。そのような改訳の箇所は、『魯迅文集』に数多く見られるであろう。

十二、十三節にうつる。

（A）　十二

考えられなくなった。

四千年来、絶えず人間を食ってきたところ、そこにおれも、なが年くらしてきたんだということが、今日やっとわかった。兄貴が家を管理しているときに妹は死んだ。やつがこっそり料理にまぜて、おれたちにも食わせなかったとはいえない。

おれは知らぬ間に、妹の肉を食わせられなかったとはいえん。いま番がおれに廻ってきて……

四千年の食人の歴史をもつおれ。はじめはわからなかったが、いまわかった。真実の人間の得がたさ。

（B）　十二

考えられなくなった。

四千年来、絶えず人間を食ってきた場所、そこにおれも、なが年暮らしてきたんだということが、きょう、やっとわかった。兄貴が家を仕切っていたときに妹は死んだ。やつが、こっそり料理にまぜて、おれたちにも食わせなかったとはいえない。

おれは知らぬうちに、妹の肉を食わなかったとはいえん。いま番がおれに廻ってきて……

四千年の食人の歴史をもつおれ。はじめはわからなかったが、いまわかった。まっとうな人間に顔むけできぬこのおれ。

(A) 十三
人間を食ったことのない子どもは、まだいるかしらん。
子どもを救え……

(B) 十三
人間を食ったことのない子どもは、まだいるかしら?
せめて子どもを……

「狂人日記」十節以降最終節(「十三節」)までのキーワードは、原文の「真的人」。十節に二度、十二節に一度でてくる。初訳は「真実の人間」、改訳では「まっとうな人間」にかわった。狂人は兄貴や村人たちに、野蛮だったころの人間は人を食ったが、ひたすらよくなろうと努力して「まっとうな人間」になった、と訴える……(十節)、改心して人を食うのを止めないと自分も食われて「まっとうな人間」にほろぼされるぞ(同節)、実はおれも食人のなかまで「まっとうな人間」

に顔むけできぬことが、いまわかった……(十二節)。

十三節(最終節)——四千年来、人食いの歴史をもつ人食いの社会にあって、人間をまだ食ったことのない(「まっとうな人間」である)子どもはいるだろうか？　まだいるなら、その子どもを救え……。

十二(A)「真実の人間の得がたさ。」(原文は「難見真的人！」)の訳が、十二(B)「まっとうな人間に顔むけできぬこのおれ。」に改められ、十三(A)最終行「子どもを救え……」(原文は「救救孩子……」)は、十三(B)「せめて子どもを……」となった。

十二(B)、十三(B)の訳文にいたるまでの、竹内の試行錯誤はなみたいていでなかったと思われる。ほぼ直訳にちかい「孩子」(子ども)を「救救」(救え)が、「せめて子どもを……」(いうまでもなく「救え！」という命令形が暗示されている)に改訳されたとき、作者魯迅の、原文の文字に表出されていない狂人(じつは「まっとうな人間」)へのつよい思いが訳しだされたといっていいだろう。

竹内は「訳者は作者のなかに踏み込んで、作者の意識する以上のものを訳として出すのがほんとうでしょうね。難しいことであるけれども……」(「日本における魯迅の翻訳」本書170ページ)と語っている。人を食う社会の大人たちに、もはや改心の期待すらもてない以上、せめて未来ある子どもたちを救えというせっぱつまった作者の衷情が、「せめて子どもを……」という訳文に実をむすんだ。原文の字面だけからではふつう、この訳文は生まれてこないのではないかとわたしは思う。作者の分身になりかわった訳者の思想から産みだされたことば、というほかないであろう。

翻訳文化を深めるために

さて、本章の終わりに、竹内没後のことに属するけれども、魯迅研究者・中国語翻訳家の一部から竹内の魯迅訳に疑問がだされていることについてふれておきたい。それは翻訳文学そのものにかかわる問題であるが、竹内好には、もはや答えることができない。以下に問題点を、あらためてとりあげておきたい。

竹内の魯迅論・翻訳論については第二章、第五章、そして本章で十分にふれたので、それらの論に疑問をもっている魯迅翻訳者の意見を概観しておくことは、向後の翻訳文化の深化につなげることができるのではないか――。ことの当否は読者が判断するところではあるけれども、これが機になって日本における魯迅文学熱がいっそう高まっていくようなことがあるなら、泉下の竹内も望むところであろう。

近現代中国文学専攻の藤井省三元東大教授は、一九八六年すなわち竹内没後一〇年のころから、竹内訳魯迅の問題点を提起しはじめたようである（同年十月『魯迅―「故郷」の風景』平凡社選書など）。竹内批判が本格的になってきたのは、藤井訳『故郷／阿Q正伝』（光文社古典新訳文庫、二〇〇九年）の「訳者あとがき」、あるいは同文庫の『酒楼にて／非攻』の「訳者あとがき」（二〇一〇年）あたりからで、二〇一一年春の岩波新書『魯迅――東アジアを生きる文学』においては、「第七章日本と魯迅」のほぼ半分を竹内好の魯迅解釈への疑問にあてている。

論旨が明確でなく、しかも一貫性をかくところがあるものの、いまは〇九年と一〇年の「訳者あとがき」および新書の「第七章」から、藤井教授の考えにそって話をすすめてゆこう。

藤井教授は〇九年の「訳者あとがき」で、アメリカの翻訳理論家だというヴェヌティの論を援用して、外国語翻訳という文化活動には domestication と foreignization の両面があり、前者は外国語・外来文化の土着化・本土化、後者は土着文化・本土文化の外国化という意味で、「魯迅文学の日本語訳に即して言えば、それぞれ魯迅文体および現代中国文化の日本への土着化と日本語・日本文化の魯迅化・中国化と言い換えることもできるでしょう。これまでの魯迅の日本語訳は、総じて domestication の傾向を色濃く持っており、その中でも竹内好（一九一〇～七七）による翻訳は、土着化の最たるものでした。」という。

詳しい説明がないので推定するほかないのだが、「土着化・本土化」とは、要するに「日本語化」つまり日本語への翻訳をさすらしい。「岩波文庫『阿Q正伝・狂人日記』の訳者であり、ほとんどすべての国語教科書に訳文が採用されている」竹内による翻訳は、「土着化・日本語化の典型的な例」だが、しかし竹内訳には問題がある。なぜなら「竹内訳は魯迅の原文と比べて数倍もの句点「。」を使って、本来は数行にわたる長文を多数の短文に切断し、伝統と近代のはざまで苦闘していた魯迅の屈折した文体を、現代の日本人の好みに合うように意訳を行って……」いるから、らしい（二〇一〇年の「訳者あとがき」）。

藤井教授は前年にも、「伝統と近代のはざまで苦しんでいた魯迅の屈折した文体を、竹内氏は戦後の民主化を経て高度経済成長を歩む日本人の好みに合うように、土着化・日本化させているのではないでしょうか。」（〇九年の「訳者あとがき」）と記していたのだが、竹内が日本人の好みに合うように（傍点は引用者）、翻訳したか、しているか、かれの訳文にまともに接した読者なら一目瞭然、そうでないことがわかるであろう。

竹内は「〔これまでの魯迅の翻訳で〕なにが不満かというと……その最大のものは文章の冗長さだった。そして原文の最大の（唯一ではない）特徴が、冗長と反対のもの、文章の簡潔さである。……簡潔こそかれ〔魯迅〕の精髄である。私をふくめての魯迅訳者は、読者に誤ったイメージを植えつけているのではないか。」（「新訳『魯迅文集』について」一九七六年十一月）とのべていた。

藤井教授は竹内批判をつづける。

日本における魯迅受容に際して、なぜこのような極端な土着化傾向が生じたのでしょうか。〔竹内が、日本人の好みに合うように、魯迅を土着化させた、という自説につづけて〕それは一九一〇年代から二〇年代にかけて魯迅らが提唱した「文学革命」に対し、竹内氏らはもっぱら「革命」に注目し、「文学」には深い関心を抱くことがなかったからではないかと思うのです。

このような解釈には唖然とするほかない。本書の第一章、二章、三章等でふれてきたように、竹内は中国の文学に人一倍まじめに、深い関心を抱きつづけてきたのである。藤井教授は、中国文学研究会を組織し、『中国文学月報』『中国文学』の冊子を発行しつづけた竹内らの活動を見聞したことがないのであろうか。

藤井教授はひとしきり「。」「、」「?」など、中華民国時代の標点符号制定の経緯をなぞったあと「これまでの魯迅日本語訳では、このような……経緯、ひいては魯迅ら近代中国知識人が国語創出のために要した苦心にはあまり留意されることなく、その結果、竹内氏の岩波文庫旧訳、改訳両版のように原文と比べて三倍もの句点「。」を多用して、魯迅文学を分節化してしまう過剰なまでの土着化翻訳が生じてしまったのでしょう。」とのべている。しかし、中国での標点符号制定の動向をいち早く日本に紹介したのは、ほかならぬ竹内が主宰する雑誌『中国文学』だったのである。復刻版のページをめくればわかることである。

さて、このように藤井教授の竹内訳にたいする問題提起は、一見、おおげさに見えながら、実は批判の本質が明確でないばかりか、うやむやな論旨の羅列に終始している。ここでとくにこだわっておきたいのは、たとえば教授のつぎのような発言である。〇九年の『故郷／阿Q正伝』の「訳者あとがき」の最後の部分で、『（五）魯迅文学日本語訳のLuxunizationの試み』の小見出しがついている。

本書では魯迅を土着化すなわち現代日本語化するのではなく、むしろ日本語訳文を魯迅化することにより、時代の大転換期を生きた魯迅の苦悩の深みを伝えようと努めました。このため一見些細な差異も忠実に訳し分け、矛盾する表現も無理に合理化して意訳することなく、できる限り直訳するように心がけました。句点も原則として魯迅の原文に準じています。本書新訳では多くの文章が長く屈折しており、明快な論旨からは遠い訳文となっているのはそのためです。高校で国語教師をしている知人はこの新訳を読んで「これでは教科書には採用されませんね」と感想をもらしていました。しかしこれが魯迅なのです。

ここには、わたしには文意を理解できない箇所がいくつもある。

魯迅の苦悩の深みを伝えようと努力したため、些細な差異も忠実に訳し、無理に合理化して意訳することなく、できるだけ直訳を心がけた——とのべているものの、しかし具体的な訳文にはどう反映しているのか？　そもそも「日本語訳文を魯迅化する」とは、いったいどういうことを意味しているか？「〔訳文の?〕句点も原則として……原文に準じて」おり、明快な訳文になっていないのはそのためであり、最後は「これが魯迅なのです。」と突きはなす――。

竹内好は晩年、魯迅文学を精読して意外な未来性を予測し、その発見を後世のマンガ世代に期待した。むろん竹内のいう「マンガ世代」とは、字義どおりのマンガ世代のことではなく、竹内と同時代を共有することのない次世代以降への期待を、このように表現したのであろう。そして、そのための素材は、竹内自身の翻訳・解説になる『魯迅文集』全六巻によって提供されている。

竹内がくりかえし語っているように、翻訳すなわち文学の原点は〝自由〟である。〝創造〟〝行為〟の〝解放〟である。「大東亜戦争」下、ごくわずかな言論のはざまにありながら、竹内が巧妙に国家解体の爆薬をしかけようとしたのも、ただそのために賭けたのである。

藤井教授は岩波新書において、竹内魯迅訳への疑問を総まとめしている観があり、「第七章7　魯迅の日本語訳をめぐって」の小見出しは「文体や思考は十分に伝えられてきたか」「竹内訳の問題点」「大胆な意訳」――そして「見失われた魯迅文学の原点」では、こう結論づけている。

大胆な意訳と分節化した翻訳文体により、竹内好は魯迅文学を戦後日本社会に土着化させるのに成功し、中学国語教科書が魯迅を国民文学並みに扱うようになった。これは竹内訳の大きな功績と言えるだろうが、そのいっぽうで、竹内訳は伝統を否定しながら現代にも深い疑念を抱いて迷走するという魯迅文学の原点を見失ってしまったのである。

はたして竹内の翻訳は、魯迅文学の原点を見失っているのだろうか？　そもそも、魯迅文学の原点とはなにか？　おおいに議論されるべきことがらだと、わたしには思われる。

【第七章】　あの時代を反芻する

霊安室の缶ビール

それは武田泰淳の死にはじまった。

一九七六年十月五日午前一時三〇分、武田は東京慈恵医大病院において肝臓ガンで亡くなった。享年六十四歳。友人の埴谷雄高は、武田が亡くなる前後のことを「最後の二週間」（『文藝』七七年四月号）に、ややくわしくかいている。

それによると、埴谷が武田百合子夫人から武田の異状を知らされたのは九月二十一日の午後のことだった。日をおかずして武田は慈恵医大に入院し、面会謝絶の札のかかった「特別室」へうつった。埴谷はこう記している。

……百合子さんはその特徴的な大きな眼ですぐ眼前から私を直視しながら、

――埴谷さん、誰にもいわない……？

と低い声でいった。おうむ返しに低い声で私も答えた。

――誰にも、言わない。

――武田は、癌なの……。

と百合子さんはつづけて低くいった。えっ、と喉の奥でいったきり、すべての言葉が胸元で押し潰されてしまったが、目からというより、何処か押し潰された魂の深い奥から流れ出すように、涙がでてきた。武田のやつ、どうして肝臓癌になどなったのだろう、と何かが声もなく力なく叫ぶと、情けなくて情けなくて、涙がとまらなくなってしまった。

……〔十月五日の午前〕一時半近く、その時間にはあまりない夜更けの電話のベルが鳴って受話器をとると、竹内照子さんのせきこんだ声が、いま武田さんが危篤という電話があって附近の中村青年に自動車を出させるから支度をしていてくれと響いてきたのであった。

……犬の吠える闇の街路に立っていると思いのほか早く中村青年の自動車がきて、また、こちらから都心へ向かう車の殆どない夜中すぎの高速道路を同君は私達の驚くほどの早さで走りつづけた。

竹内照子さん、女房、私という順で後部の席に座り、竹内好は運転席の隣りで私のすぐ前に腰かけていたが、武田の思いもよらぬ早い病状や百合子さんの献身的な看護の話の合い間に、私は前部の竹内好にいった。

――もし武田にことがあつたら、君が葬儀委員長だぞ。

――いや、それは気重だな。

とほんとうに辛そうに竹内好は前方を見たままこたえた。

――そんなことといつても駄目だ。それはもう運命的にきまつていることだ。

……

霊安室へ移つたのは午前三時すぎであつたろう。雨は激しく外へ通ずる霊安室の扉をも敲《う》つていた。……竹内好と私は中村青年が買つてきてくれた罐ビールを、あれだけ飲みたがつていた武田の前にまず供え、自分たちも飲みながら遺体の前に線香の煙を絶やさぬように室内を熊のように歩き廻つて、時折、今後の相談を手短かにしたが、竹内好も追われた魯迅翻訳の疲労で病院に通つており、葬儀の事務については私が引き受ける決心をした。

（「最後の二週間」）

武田泰淳が亡くなった当日の、わたしの走り書きをよみ返してみると――早朝というより深夜、竹内夫人からの連絡で竹内家へむかい、車で埴谷宅によって夫妻をのせ、高井戸から首都高速にはいって慈恵医大病院へとアクセルを踏みつづけたのである。

武田夫人や娘の花さんたちは病室の片づけでもしていたのであろうか、お棺が安置された病棟一階の霊安室には竹内、埴谷、わたしがいた。森閑とした巨大な病棟でのこの光景を、そのときわたしは、いつかわたし自身もしらぬ遠い過去に経験したことがあったように感じていた。

竹内がぼそっと「武田はビールが好きだったな」といった。いく枚かの硬貨を受けとり、自動販売機から数個の缶ビールをかってきた。そとは雨がふっていた。埴谷が蓋をあけ、武田のまえにおいた。お棺のまえの大きな線香立てが、記憶とともによみがえってくる。

どれほどの時がたったろうか。

わたしは霊安室からさほど遠くない、トイレのなかにすわっていた。まもなく花さんと病室の身のまわりの品を車で武田家まではこび、通夜の準備にへやを片づけるてはずになっていた。静かに、だれかがトイレの入り口のドアを押してはいってきた。その人は鏡のまえの洗面台に手をかけたようだった。わたしには気づかず、わたしは息をころした。夜明けまえの病院の冷たいタイルに、声にならぬ慟泣が重くひびきはじめた。それは竹内好に違いなかった。

肺ガンと食道ガンの発見

埴谷雄高が「最後の四個月」(『展望』七七年五月)でそのいきさつをくわしく述べているように、もう手のほどこしようのないほど病状のすすんだ竹内の肺ガンが発見されたのは、死の四カ月前だった。

いまその前後のことを、雑誌『中国』の停刊時の編集長だった山下恒夫の編集になる「年譜──竹内好」（竹内好『魯迅入門』講談社文芸文庫、一九九六年）から、とりだしてみよう。

一九七六年（昭和五一年）　六六歳

春頃から身体の不調を覚えるが、個人訳の作業に明け暮れる。……一〇月五日、武田泰淳が肝臓ガンで死去。行年六四歳。次の日の通夜のあと、〔竹内〕照子夫人に、まるで独り言のように、こう呟いたそうだ。影が去れば形も消えねばなるまいと。* ……一一月一一日、異常な疲労と肩痛を訴え、日本医大病院へ入院。急性糖尿病と急性リュウマチと診断され、大部屋の病室に寝かされる。一一月二七日、重態のまま退院。一二月一日、吉祥寺の森本病院へ入院。診断の結果、食道ガンが判明する。** この年、一〇月に『魯迅文集』第一巻、一二月に『魯迅文集』第二巻刊行。……

一九七七年（昭和五二年）

一月中旬、『魯迅文集』第三巻の解説を口述筆記。*** これが絶筆となる。三月三日、逝去。行年六七歳。……三月一〇日、信濃町の千日谷会堂で無宗教の葬儀。……弔辞朗読中に、増田渉が心臓発作で倒れ急逝。**** 行年七三歳。この年の三月、『魯迅文集』第三巻……刊行。……

以下、＊印の箇所について、わたしなりの注釈を付しておきたい。

＊影が去れば形も消えねばなるまい――魯迅『野草』所収の詩、「影の告別」をふまえている。

……

人が睡りにおちて時さえ知らぬとき、

影が別れに来て告げることばは――

おれのきらいなものが天国にあれば、行くのがいやだ。おれのきらいなものが地獄にあれば、行くのがいやだ。おれのきらいなものが君たちの未来の黄金世界にあれば、行くのがいやだ。

だが、君こそおれのきらいなものだ。

……

おれはこうありたいのだ、友よ――

おれはただひとり遠く行く。君ばかりでなく、ほかの影さえいない暗黒へ。おれひとりが暗黒に沈められ、かくて世界は完全におれ自身のものだ。

五六年版『魯迅選集』を大胆に改訳した『文集』版（第二巻）のこの「影の告別」のほうが、わたしのこころに深くうったえてくる。竹内の呟きは武田を影に、自分を形に擬しており、そこには、青春の日々からたがいに血のでるような切磋琢磨に挑戦してきた文学におけるふたりの繋がりようが（あるいは反発のありようが）、暗示されているに違いない。

＊＊食道ガン――森本病院でのレントゲン写真で、肺ガンが食道に転移し、それがつぶれて穴があき、食べ物がすべて気管にはいってもどされていることがはっきりする。ただちに胃の穿孔手術がおこなわれ、栄養食を注入、いちじ竹内の顔色がよくなり病状はやや好転したかにみえた。

病原がまぎれもないガンとわかり、竹内家および周辺の生活態勢は一変した。竹内には別の病名でとおしていたが、関係者のだれもが、なによりもまず病気を安定させ『魯迅文集』が完成することをねがった。森本病院は吉祥寺駅にちかく、竹内家からも、埴谷家からも遠くない。それからというもの、埴谷は竹内の病室に日参して話相手になり、ある時は一言もかわせずに引きあげることもあった。

そんな埴谷に、気分がいいときの竹内は「俺は埴谷の足を鍛えるために入院しているようなものだ。」と軽口をたたいたという。埴谷が提案した「竹内語録」（または「強情語録」）の記録のひとつとして、「最後の四個月」にのべられている。

病床の口述筆記

注釈***の口述筆記は、七七年一月十六日の午前中におこなわれた。場所は森本病院四〇二号室、四階南むきの明るい個室である。前日の夕刻、ベッドのうえの竹内から突然、あす『文集』第三巻の解説を口述筆記するから筆記用具の用意を、と指示された。その前後のすうじつ、親しい見舞客へのかれの応答は明晰であった。

わたしはあわてた。そんな急にいわれても……魯迅のことはなにも知らないばかりか、ほかに適任者はいくらもいる――しかし『文集』はすでに第二巻まで刊行されており、その日の午後、筑摩書房の重役が編集の打ち合わせにきていた。時間もなければ、特殊な状況でもある。わたしは覚悟をきめて「はい」とこたえた。

あくる朝、ひとつづりの原稿用紙と鉛筆を用意して、ベッドの左隣りに腰をおろした。竹内は仰臥したまま、じっと白塗りの天井をみつめている。メモも下書きもない。長女の裕子さんがときおり、暑がりだった竹内の口のまわりを、濡らしたガーゼで湿らせる。

静かな病室にかすれた、しかし凛とした声がながれはじめる。

『魯迅文集』刊行中に病気だけは絶対すまいとひそかに念じていたのに、あろうことか病気も病気、生涯での大患に見舞われたのだから皮肉なものです。発病からすでに五ヵ月が過ぎました。一時は生死の境をさまよい、今年になって漸くとうげを越したものの、まだ病院生活が続いております。……無念でなりません。

……じつは訳者にとって、この第三巻こそ自慢のたねの一つであります。……第三巻は北京時代の評論を訳者の好みで取捨選択したものであり、これまで訳のなかったものも多数あり、これまで知られなかった魯迅の重要な側面が訳者としては満足できる程度に出されたと思っております。読者がアッと驚くひそかな期待さえありました。……

……

これでまがりなりに第三巻完了です。病院生活二カ月、まだ前途は遠いらしく、気が気でありません。……たぶん大幅の遅れをまぬかれぬでしょう。読者の寛恕を請います。

七七年一月末

（「解説にかえて（病床口述）」『文集』第三巻）

天井に眼を据えたまま、竹内の気迫のこもった口吻がよどむことはなかった。一気に四百字詰め原稿用紙で十一、二枚、わたしは聞き違えのないように書きとるのに懸命だった。口述がおわると近くの喫茶店にとびこみ、清書した。

あくる日こわごわ、竹内がチェックした入稿前の原稿をみせてもらった。北京の「女子大事件」が、ふるえながらもしっかりした筆跡で「女師大〔女子師範大学〕事件」と訂正されていた。わたしの基本的な知識のなさによる聞き取りちがいである。

だがそれ以外には、おどろいたことに、加筆訂正は数カ所にとどまっている。中空を見つめながらの口述が、ほとんどそのまま残っていたのである。文筆家とはそういうものか——脳裏に一字のくるいもなく文章が出来あがっている。わたしは、こころ顫《ふる》えるおもいであった。

あいさつ文の名手

ところで、竹内は「ごあいさつ」文の名手だったとわたしは思う。『竹内好全集』第一三巻にはその種の短文が集められているが、たんに「ごあいさつ」だけの題で五、六種あり、ほかの題名が付されていても内容から推して「ごあいさつ」と判断されるみじかい文は、それに倍するのではないかと思われる。

かつてわたしは、ひそかに「竹内好〝ごあいさつ例文集〟」なるものを勝手に企画し、例文を集めかけたことがあった。時期尚早でそれは失敗したが、病気快癒のあいさつや社会的事件にたいする態度表明など、そのときどきの出処進退をふくめた文人の文体表現には一種独特の味わいがある、というわたしの思いにかわりはない。

ここに竹内最後の「ごあいさつ」を引用しておきたい。武田泰淳が慈恵医大に入院し、病没（一九七六年十月五日）した前後のころ、竹内自身もすでに篤い病におかされながら、『魯迅文集』の第二巻、第三巻の入稿に追われていたさなかでの「あいさつ」状である。

それは『竹内好全集』第一三巻に「『魯迅文集』贈呈の弁」の題で収録されているが、角封筒で贈呈者におくった本来の「ごあいさつ」に、題名はない。A４用紙（タテ使用）にヨコ打ちタイプ稿二〇行、空白部に贈呈者の名前を記入し、最後に本人が署名した。

〔贈呈者の名前〕　様

お変わりありませんか。ふだん季節のごあいさつも申しあげず、ごぶさたばかりで申しわけありません。

この度、拙訳《魯迅文集》全七巻が筑摩書房からようやく刊行に漕ぎつけ、十月以降、隔月に配本となります。日ごろのご愛顧のたまもの、感謝に堪えません。ついては心ばかりのお礼の印として、一本を拝呈させて頂きます。と申しても貧書生の身、他に収入とてなく、歩合いを生活費に当てねばなりませんので、全巻はご容赦ください。勝手ながら第　巻だけに止めさせて頂きますことをお許し願います。これはまったくのご返礼でありますゆえ、見かえりにご著書の恵贈は、これまた勝手ながら、ひらにご辞退いたします。じつは読書力が甚しく低下しておりまして、せっかく恵贈を受けても宝の持ち腐れになりますのと、この訳業の完成後にさらに余命がありますときは、もっぱら古い書物だけに親しむ所存、身辺整理の意味もあってお願い申しあげる次第であります。もし刊行期日にお手もとに現物がとどかぬときは、書店なり私なりにご催促ください。到着のときはご通知に及びません。

ますますご壮健にお過ごしのほど祈ります。

敬　具

一九七六・一〇・二

〔署名〕

「勝手ながら第　巻だけに……」は、ほとんど「一」が書きこまれたが、なかには（たとえば金達寿《キムタルス》など）「全」と記入されることもあった。最下段の「一九七六・一〇・二」は、竹内六十六歳の誕生日の日付である。

七七年二月中旬ごろ、竹内のガンは全身に転移した。鎮痛剤の連用で意識が混濁し、ついに第四巻以降の解説がかかれることはなかった。（注釈＊＊＊の増田渉の急逝については、後述。）

埴谷雄高の祈り

病室では、埴谷は決まって竹内の高いベッドの左側の枕頭に腰をおろす。竹内のその日のぐあいに応じてかなり長く話し、あるいはほんのわずか数語をかわしただけで、あとは黙りこんでしまうことが少なくなかった。

見舞客はベッドに向かって右がわに立ち、竹内家はじめ病室に輪番でつめていたわたしたち数人は、病人の目から隠れるようにして、ベッド左の脚下に腰をかけ、しずかに雑事を処理し、竹内の片言隻句を記録した。

埴谷は病室からのぞむ日没に、こんな感慨をおぼえている。

それは一瞬毎にゆつくり沈んでいつたが、その落日が地平の遠い向うにまつたく沈みこんで、次第に室内が薄暗くなつてきても、暫らくのあいだは電燈をつけぬ習わしだつたので、彼の顔も、私の全身も、そして、部屋のなかのすべての物体も次第に薄闇のなかへ沈んでゆき、そしてもはや何ものをもつてしてもとどめかねる濃密な暗闇へ向つて絶えず進みつづけてゆくその薄闇の中で何時も取り戻しがたい薄暗い悲哀に私はつつまれたのである。

彼が私たちの世界から間もなく立ち去つてゆくばかりでなく、私も私たちも、そしてやがてはひとりのこらぬ人類すべてがこの地球から立ち去つてしまつた後も、その無人の世界のはしに鈍い暗紅色にそまりながらこのような日没がくりかえされるという一種の薄暗い落日感が私に覚えられたのである。

（「落日の夢」『海』特別号、七七年五月）

三月三日のゆうがた、いま危なくなったと病院から連絡がはいり、埴谷は自宅をでた。

……〔森本病院の〕かなり広いエレヴェーターにひとりだけのつて、四階につき、ひとまわりした向う側の病室の前へ出ると、廊下に立つていた中村愿が寄つてきて、七時四十分でしたと低い声でいつた。

武田泰淳の場合と同じように、私が自宅を出たばかりの時刻である。

竹内好は五個月前の武田泰淳とまつたく同じように未知の暗い世界へ躰を沈ませて静かに眠つていた。彼の右手の掌と私の右の掌を握りあわせると温かく、肉付きも思いのほかおちていなかつた。

（「最後の四個月」）

わたしが薄暗い病室にあしをふみ入れたとき、埴谷はいつもの位置に腰をかけ、竹内の掌にじぶんの掌をかさね、それを両眼を閉じたじぶんの額に愛おしむようにおしつけていた。そして時おり竹内に語りかけたが、そのなかに「祈ろう……」という言葉があったことを、わたしは忘れない。

病室には竹内夫人、武田夫人のほか近親者もひかえていた。やがて、遺体の帰宅の準備がはじまった。

通夜の弔問客

あくる三月四日の竹内家での通夜は、粉雪の舞う酷寒のなかでおこなわれた。朝八時前、玄関まえの通りを掃いていると、吉祥寺駅につうじる直線のながい一本道を、杖に寄りながらゆっくりこちらに向かってこられる方がある。

ようやくたどり着き、わたしが玄関を開けて招じ入れようとすると「石母田《いしもだ》正です」と、背筋をのばされた。竹内があの『現代日本思想大系9　アジア主義』に採録した、「幸徳秋水と中国―民族と愛国心の問題について―」の筆者である。「私としてやや得意なのは、相馬黒光を加えたことと、石母田正の幸徳秋水論を記憶の底からよみがえらせたことだ。」（「転形期」一九六三年四月X日）と竹内はかいている。

わたしは、幸徳が堺利彦の同志で『共産党宣言』の共訳者だったことぐらいしか知らなかった。石母田は、その社会主義者幸徳が中国やアジアの被圧迫民族の革命家を見くだし、そのために祖国日本にたいする愛国心と排外的な愛国主義を混同したことを、するどく批判したのだった。しかも石母田の文章は、幸徳の非は非として、明治の革命の先達にたいする敬愛の姿勢につらぬかれていて、こころあたたまる印象がわたしにはのこっていた。

竹内夫人に悔やみを述べられたあと、石母田正はまた長いまっすぐな道を杖によりながら帰ってゆかれた。

弔問客はしだいにふえてきた。遺影をかざった無宗教の清楚な祭壇は、日ごろは居間に使われているややひろい板ばりの部屋にもうけられ、客はおもいおもいのやり方で故人をとむらった。おわると祭壇を遠まきにかこむかたちに知友をもとめて寄りあつまり、竹内との思い出をかたりあう。

小田実があらわれたのは午前中だったようにおもう。ながめの髪をかき上げもせず、のっそりと、という感じで居間にはいってきて竹内夫人にかるく会釈すると、ついと祭壇のまえに正座した。そして正面の遺影をじっとみあげ、手をあわせるでも敬礼するでもなく、ただ両手を膝にのせたままうごかなかった。

が、わたしにはそのとき、小田と竹内の饒舌なほどの会話が伝わってくるように感じられた。「中国の会」を主宰していた竹内は自分より若い小田が、鶴見俊輔たちといっしょに「ベ平連」を組織し活動しているのを評価していた。カンパなど側面からの援助は、一再ではない。いっぽう小田は竹内の、日本人としての中国との真摯なつき合いかたをみていたとおもう。

しかし小田は、竹内が日中戦争を断罪しておきながら太平洋戦争には日本にいくぶんかの〝挑戦の理〟を認めようとしたことには、まったく反対だった。戦争の被災者側からすれば、どちらもおなじ悪だ、片方の悪をみとめるのは竹内さんの弱いところではないか——そんなふたりの論争がつたわってくるような気がした。

小田は数分間座していただろう、喪主にかるく礼をして、またのっそりと帰っていった。

午後になっても寒気はいっこうにおとろえず、思いだしたように小雪が舞う。弔問客はしだいにふえ、せまくはない竹内家の部屋べやをうめていった。

九州、京都、大阪や名古屋、北海道からのかたがたの姿もみえる。わたしには大半が未知だったが、知っているかたたちから想像するだけでも、そうそうたる人たちが集まってきていた。哲学者、小説家、評論家、大学教授……手伝いにきていた友人の編集者は「まるで日本の知識人社会の縮図のようだ」と、いきをつめて言った。

お神酒がいきわたり、酒のさかなも準備された。日は暮れてゆき、粉雪はふりやまない。部屋のなかは、故人をしのぶ熱気であついほどだ。眼底にのこるその場の光景は、むしろ一種の陽気さをただよわせた喧噪のなかで、声高にあいてに議論をいどむ作家や、故人の〝秘話〟に歓声をあげるかつての学友たちの姿である。

と、そのとき一瞬、場が静まった。竹内夫人がたかさ二五センチほどの位牌を、遺影のまえに安置したのだ。白木の位牌には墨色もあざやかに「竹内好霊」とかかれていた。おおきくもなく、ちいさくもなく、駘蕩《たいとう》たる文人の書である。

それは京都大学のフランス文学の大御所、桑原武夫の筆になるという。悠揚せまらざる文字であった。わたしは思わず、竹内夫人のよこに坐していた桑原武夫を見やり、そしておもった――日本の知識人もたいしたものです、反近代主義者の急先鋒竹内好の霊位《みたましろ》を、京都学派で近代主義者の泰斗がしるすとは……竹内家はだいだい神官の流れではあったが、竹内好死して日本の学問の再統一をうながすか？　あたかも魯迅が没して、混迷していた中国の文学界が一丸となったように――。

位牌のかき手に桑原を推薦したのは、だれの提案によるのだろうか。久野収？　鶴見俊輔？いや、丸山眞男かもしれない……そんな夢想はしかし、たちまちのうちに通夜の騒音にかき消されてしまったのだった。

通夜には竹内の先輩で、魯迅の直弟子でもあった増田渉も大阪から駆けつけていた。弔問客は一般的友人と中国文学関係の友人との部屋に分かれてつどったが、その席で三月十日の千日谷会堂での葬儀では、中国文学を代表して増田が弔辞をよむことになった。同席していた中国文学研究者の今村与志雄は、その夜のことをこう述べている。

三月四日夜、竹内家の通夜のとき中国文学研究会同人が集まっていて、増田渉氏もいた。そこには旧知の人々がいたが、増田氏は、魯迅の愛する直弟子であった。氏は、……東京大学文学部講師をしていた期間がある。そのときわたしは……増田渉先生に就いて中国現代文学の講義を受けた学生のひとりであった。……その夜も、むかしのことを想起されたのか、なつかしげにザックバランに私に話しかけておられた。

（「竹内好氏を悼む」『魯迅ノート』筑摩書房、一九八七年）

今村は「……なによりも、竹内好氏は、私に、真理を追究するためになくてはならない勇気――……をみずから教えてくれた師であった。」（同前）ともかいている。

吉祥寺の竹内家は、玄関をまっすぐあがれば正面つきあたりに浴室、みぎに居間へ通じるドアがあり、ひだりにトイレがあった。その日は居間に通じるドアはほとんど開け放してあり、わたしはそこに立って弔問客の案内を受けもっていた。板張りの冷たさが、靴下をとおして素足に痛いほどしみた。

台所へは、居間からだけではなく浴室からもとおり抜けできるようになっており、通夜から密葬にかけてはそこが舞台裏の通路になった。

三々五々、酔眼の弔問客が帰りはじめたころである。緊張と寒さに身震いをくり返しながら立っていたわたしの耳もとに、男の嗚咽のようなものがきこえてきた。浴室に備えつけられた洗面所のあたりからである。くぐもるような、しゃくるような、形容のできない泣き声であった。

神経はそこに集中したまま、わたしは帰り仕度の弔問客の世話にいそがしくなった。オーバーをかけてやり、マフラーや帽子を手渡し、靴をそろえる。

すこしの時がたったようにおもう。ふと、聞こえなくなったな、と気づいたそのとき、浴室のドアが内側から静かにおしあけられ、男は右手のトイレのドアをあけて入っていった。橋川文三の背中であった。

千日谷会堂の葬儀にて

三月十日、信濃町の千日谷会堂で竹内の無宗教による葬儀がおこなわれた。天気はよく、大勢の参会者は祭壇をしつらえてある会場にはいりきれないほどだった。わたしは筑摩書房の方たちと、進行係の使い走りとして祭壇右わきのカーテンの影にひかえていた。

祭壇正面のいす席には、日本思想界の重鎮と呼ぶほかない方たちが静かに腰をおろしている。中野重治、桑原武夫、丸山眞男、久野収……それはわたしにとっては、やはり壮観であった。竹内好の存在の重さが、あらためて偲ばれた。

尾崎秀樹の司会がはじまり、橋川文三の「竹内好略歴」の紹介がおわると、弔辞の朗読にうつった。以下は、いす席最前列の右端に席をしめていた葬儀委員長、埴谷雄高の記述である。

竹内好亡き後の書斎の風景

まず最初に祭壇にのぼつて弔辞をよんだのは増田渉であるが、その声に力のこもつた張りがあり弔辞の内容もまた具体的であつたので俯向いて聞きいつている と突然がたんという音がしたので眼をあげると、二間《にけん》と離れていないすぐ眼の前で、増田渉が仰向けのまま真後ろへ倒れるところであつた。最初にとんでいつたのは、医学の心得のあるひとらしく、そのままにして起こしてはいけないといい、すぐ胸もとを開いてネクタイをほどいたので、私は日頃からポケットに携えていた薬の小瓶からニトロという心臓の救急薬をとりだして、足許に廻つているもうひとりに、これを舌の下にいれてくれと手渡した。私の相手は確かに舌の下にそのニトロをすぐ巧みに押しこんだが、すでに殆ど鼓動がとまりかけていたらしく、それは効果があるとまつたく見えなかつた。

（「落日の夢」）

埴谷がニトロを手渡した相手は、わたしだった。弔辞をよみはじめて一分と経っていなかったのではないだろうか、おもいもかけず、大柄な増田の背中がおおきくゆらいだかとおもうと真うしろにどうと倒れ、弔辞の巻紙がバリッとふたつに裂けた。すぐにかけよったとき、会場にいた日大病院救急医の村岡潔（かれはかつて「中国の会」会員だった）もとびだしてきて「動かさないで！」と心臓発作の応急処置をほどこし、患者に馬乗りになって胸部の圧迫をくりかえしながら、圧迫に呼応して口から息を吹きこむよう、くりかえしわたしに指示した。

その前後にニトロをわたされ、急患の舌の下に挿入したのだとおもう。千日谷会堂は慶応病院と目と鼻のさきの距離にある。すぐに救急車がきて患者は集中治療室にはこばれたが、しかしすべてはむなしかった。

葬儀のとちゅうから増田渉に付き添ったわたしは、そのまま慶応病院の霊安室で、遺族の方が来られるのを待つことになった。葬儀社の配慮か、強すぎない線香のかおりにつつまれながら、激しかった一日の変化の悲哀を反芻しつつ――。

埴谷は「落日の夢」にこう書いている。

　私達の暗紅色の落日のまぎれもないかたち、人生のつかのまの無常変幻のかたちをまざまざと私達のすぐ眼前で告示したのは、長い歴史のなかでも恐らく稀有な、親友の弔辞を読んでいるそのさなかに決定的な発作に襲われることになった増田渉の悲哀であるといわねばならない。

あれから四十年の歳月が流れた。

今でも、あの時代を反芻すれば、わたしのこころに、アジア主義、大東亜戦争、孫文、岡倉覚三、魯迅……いつでも胸襟をひらいて、俺は待っているぞ――という、竹内の微笑が浮かんでくる。

竹内好略年表

	竹内　好	社　会
一九一〇（明治四三）年	一〇月二日、長野県南佐久郡臼田町に生まれる。父方は歌人、母方は諏訪神社の神職。	八月、日本、韓国を併合。
一九一二（明治四五・大正元）年（二歳）	三月、弟生まれる。	二月、清朝滅亡。
一九一三（大正二）年（三歳）	一家は東京に移住。	九月、岡倉覚三（天心）没。
一九二〇（大正九）年（一〇歳）	このころ、読書少年だった。	
一九二八（昭和三）年（一八歳）	四月、大阪高校に入学。同窓に保田與重郎がいた。寮の図書委員となる。東京の家には芥川龍之介・夏目漱石全集などが揃っていた。	六月、関東軍の謀略で張作霖、爆死す。
一九三〇（昭和五）年	一二月、校友会誌編集の件で学校当局と	一〇月、閣議、中国の呼称を「支那」か

（二〇歳）	衝突、学生ストライキ首謀者のひとりとなる。	ら「中華民国」に変更。この年、「昭和恐慌」はじまる。
一九三一（昭和六）年（二一歳）	三月、大阪高校卒業。四月、東京帝国大学文学部支那文学科入学。一〇月、魯迅「阿Q正伝」（翻訳）を読む。	九月、日中軍、柳条湖で衝突（満州事変勃発）。
一九三二（昭和七）年（二二歳）	八月、朝鮮・満州を見学旅行、つづけて北京に私費留学。孫文『三民主義』を読む。北京の風物・人物に魅了される。	三月、満州国建国宣言。五月、五・一五事件発生。
一九三三（昭和八）年（二三歳）	一二月、卒業論文「郁達夫研究」提出。	一月、ヒトラー、ドイツの首相につく。三月、日本、国際連盟脱退。
一九三四（昭和九）年（二四歳）	三月、「中国文学研究会」発足。七月、周作人（魯迅の弟）らの歓迎会主催。	
一九三五（昭和一〇）年（二五歳）	二月、研究会の機関誌『中国文学月報』創刊、題辞は郭沫若の筆。	
一九三六（昭和一一）年（二六歳）	一〇月、魯迅急逝、『中国文学月報』の「魯迅特輯号」（二〇号、一一月一日発行）に、エッセイ「死」を訳載。	二月、二・二六事件発生。一一月、日独防共協定。一二月、西安事件で周恩来・張学良・蔣介石が会談。
一九三七（昭和一二）年（二七歳）	一〇月、北京に留学。	七月七日、盧溝橋事件発生（日中事変）。一二月、日本軍による南京事件。
一九三八（昭和一三）年	五月、北京を訪れた佐藤春夫、保田與重	三月、ドイツ、オーストリアを併合。四

（二八歳）	郎らを案内し、歓待する。	月、政府、国家総動員法を公布。一〇月、日本軍が武漢の三鎮を占領する。
一九三九（昭和一四）年（二九歳）	二月、帰国。三月、父死去。一旦北京に帰り、一〇月、北京出発、帰国（東京）。	五月、ノモンハン事件発生。九月、第二次世界大戦はじまる。
一九四〇（昭和一五）年（三〇歳）	四月、回教圏研究所研究員となる。廃名の『橋』翻訳（未出版）。	七月、大本営、武力行使をふくむ南進政策を決定。九月、日独伊三国同盟調印。一〇月、大政翼賛会発会。
一九四一（昭和一六）年（三一歳）	五月、日本評論社と『魯迅』の出版契約を結ぶ。一二月一六日「大東亜戦争と吾等の決意（宣言）」を書く。	六月、独ソ戦はじまる。一〇月、東条内閣成立。一二月八日、大東亜戦争開戦の大詔下る。ハワイ真珠湾空襲。
一九四二（昭和一七）年（三二歳）	二月、中国旅行に出立、北京から開封、上海・杭州を回って四月下旬、帰国。中野重治の『斎藤茂吉ノート』を読む。	六月、ミッドウェー海戦で敗れ、敗戦への転機となる。一一月、大東亜文学者大会開かる。
一九四三（昭和一八）年（三三歳）	二月『魯迅』執筆開始。三月『中国文学』廃刊。八月、第二回大東亜文学者大会への参加を辞退。一一月、日本評論社に『魯迅』の原稿を渡す。一二月、召集令状を受け千葉の補充要員として、湖北省の沿線警備に配属される。	二月、日本軍、ガダルカナル島撤退はじめる。
一九四四（昭和一九）年（三四歳）	三月、暗号手教育をうけたが、体力がないため失格。伝令兵、機関銃隊などに配	六月、マリアナ沖海戦で日本海軍、敗退。七月、東条内閣総辞職。

	属されるが、行軍中、落伍するので有名だったという。一二月、『魯迅』刊行。	
一九四五（昭和二〇）年（三五歳）	五月、湖南省岳州にて報道班に入る。八月一五日、敗戦、現地召集解除。無条件降伏を伝えた天皇の詔書に、憤りに近い屈辱感を覚えたという。	二月、米、英、ソのヤルタ会談ひらく。四月、米軍、沖縄本島に上陸。五月、ドイツ軍、連合国に無条件降伏。八月六日と八月九日、広島と長崎に原爆が投下される。八月一四日、日本、ポツダム宣言を受諾。八月一五日、敗戦。
一九四六（昭和二一）年（三六歳）	六月、品川に復員。一二月、倉石武四郎から東大助教授に招請されたが、辞退する。	七月、中国、全面的内戦はじまる。一一月、日本国憲法公布（翌年施行）。
一九四七（昭和二二）年（三七歳）	八月、小田切秀雄から新日本文学会への入会を誘われたが断る。この月、丸山眞男に会う。	
一九四八（昭和二三）年（三八歳）	七月、鶴見俊輔が訪ねてくる。	
一九四九（昭和二四）年（三九歳）	一月、日本共産党入党をすすめられるが断わる。杉照子と結婚。七月、「思想の科学研究会」に入会。一〇月、中華人民共和国樹立の知らせに深く感動。	六月、朝鮮戦争はじまる。一〇月一日、中華人民共和国樹立。
一九五一（昭和二六）年	三月「評伝毛沢東」脱稿。中野重治を訪	七月、朝鮮休戦会談。九月、日米安全保

（四一歳）	問。六月「近代主義と民族の問題」書き了る。国民文学論争の発端となる。	障条約調印。
一九五三（昭和二八）年（四三歳）	六月、東京都立大学人文学部教授となる。	
一九五六（昭和三一）年（四六歳）	六月、岩波書店から『魯迅選集』（全一二巻、別巻一、共編）が出はじめる。一〇月、毛沢東『文芸講話』翻訳。	この年、水俣病、社会問題化。
一九五七（昭和三二）年（四七歳）	四月、安保改定反対運動に参加する。「魯迅友の会」発足（一九七七年三月まで）。「孫文観の問題点」脱稿。	
一九五九（昭和三四）年（四九歳）	一月、京都の部落問題研究所を訪問。一〇月、都立大学内に「安保の広場」をつくる。同月、「近代の超克」脱稿。同月、「安保批判の会」成立、参加。	
一九六〇（昭和三五）年（五〇歳）	四月、「安保批判の会」で講演。五月、安保反対運動に全力を注ぐ。一九日、岸信介の衆院安保条約強行採決に抗議して、都立大学に辞表を提出。三一日、「民主か独裁か」を発表。一一月、普通社（出版社）の共同研究「日本のなかの中国」の第一回会合に参加（のち「中国の会」	二月、橋川文三『日本浪曼派批判序説』。六月、安保阻止国民会議の実力行使に総評・学生・民主団体等合計五六〇万人が参加。一〇月、浅沼社会党委員長、右翼少年に刺殺さる。

	に発展）。	
一九六一（昭和三六）年（五一歳）	二月、『中央公論』に掲載の深沢七郎「風流夢譚」事件（右翼による中央公論社社長宅襲撃）の対策協議会座長をつとめる。春からスキーを始める。七月、六〇年安保反対闘争をまとめた評論集『不服従の遺産』刊行。	一月、大江健三郎「セヴンティーン」。
一九六二（昭和三七）年（五二歳）	二月、毛沢東「矛盾論」翻訳。五月、「岡倉天心」脱稿。	
一九六三（昭和三八）年（五三歳）	二月、「日本のなかの中国」研究会を「中国の会」と改称、雑誌『中国』を普通社から発刊。同誌に「中国を知るために」を連載開始。	九月、横須賀・佐世保で米原潜寄港反対集会。
一九六四（昭和三九）年（五四歳）	五月、徳間書店『中国の思想』全一二巻を監修（六五年末まで）。普通社倒産、『中国』は「中国の会」の自主刊行となる。	八月、社会党ほか諸団体がベトナム戦争反対集会を開く。一〇月、第一八回オリンピック東京大会開催。一一月、佐世保で米原潜シードラゴン寄港反対デモ。翌年二月、米機、北ベトナムの北爆開始。
一九六七（昭和四二）年（五七歳）	この頃、憲法問題研究会・思想史研究会・中国近代思想史研究会など、研究会多し。「中国の会」事務所、代々木に移	

	り、『中国』は徳間書店発刊となる。	
一九六八（昭和四三）年（五八歳）	三月、桑原武夫の訪問をうけ、全集の解説を引受ける。一一月、豊津の前田俊彦を訪ねる。	
一九六九（昭和四四）年（五九歳）	五月、「中国の会」、代々木の新事務所に移転。一一月、第一回竹内中国語教室。	
一九七〇（昭和四五）年（六〇歳）	一月、個人訳『魯迅』の準備にかかる。七月、評論集『予見と錯誤』刊行。	一一月、三島由紀夫割腹自殺。
一九七一（昭和四六）年（六一歳）	二月、魯迅訳に着手。七月、橋川文三夫妻らと九州旅行中、ニクソン訪中決定のニュースを聞く。	
一九七二（昭和四七）年（六二歳）	八月、福岡ユネスコで「魯迅と日本」と題して講演。雑誌『中国』、台湾地図に「中華民国」と記入して印刷、市販を中止し誌上で中国に陳謝、「中国の会」会員にもわび状を送付。一二月号で雑誌『中国』を休刊（実際は停刊）にする。	九月、田中角栄首相訪中、日中国交回復。
一九七三（昭和四八）年（六三歳）	一月、魯迅の翻訳をすすめる。新宿のバーで泥酔、階段を踏みはずして転落、病院で三針縫う。六月「中国の会」を解散	

	する。
一九七四（昭和四九）年（六四歳）	一月、仕事場に通い翻訳をつづける。六月〜八月『近代日本と中国』（上下）刊行。
一九七五（昭和五〇）年（六五歳）	一月、筑摩書房と『魯迅文集』進行を打ち合わせ。新訳を次つぎに渡す。一一月、倉石武四郎の葬儀に参列。
一九七六（昭和五一）年（六六歳）	一月、翻訳続行。七月、身体の不調を感じる。一〇月五日、武田泰淳、肝臓ガンで病没（六四歳）。葬儀委員長をつとめるも一一月、自身も食べ物がノドを通らなくなる。一一月、『魯迅文集』第一巻刊行。一二月入院、肺ガンが判明、胃の穿孔手術で一時、元気回復、『魯迅文集』第二巻刊行。
一九七七（昭和五二）年	一月、『魯迅文集』第三巻の解説を病院のベッドで口述（「解説にかえて」）。二月、全身にガンが転移、三月三日一九時四〇分死去（六六歳）。一〇日、無宗教による葬儀。弔辞朗読中、『中国文学』の同人、増田渉が心臓発作で急逝（七三歳）。一二月、『魯迅文集』第四巻刊行（以下、第六

	巻まで続刊)。
一九八〇(昭和五五)年	九月『竹内好全集』(全一七巻・筑摩書房)の刊行はじまる。

＊この略年表は『竹内好全集』第一七巻(筑摩書房)所収の「年譜」(久米旺生作成)、講談社文芸文庫『魯迅入門』所収の「年譜―竹内好」(山下恒夫編)、『近代日本総合年表』(岩波書店)などを参照して作成した。

あとがきにかえて

本書を書きおえるころ、彼岸の一日、多磨霊園まで足をはこんだ。十数年振りである。天気は晴れわたり、霊園の上空をつよい風が吹きつのる。あたりに聳える赤松の小枝は砕けよとばかりにしなった。ひろい霊園の中ほど、10区の一画に——「竹内家之墓」はある。ややずんぐり、ずっしりと赤みをおびたみかげ石が懐かしかった。どこか竹内好をしのばせる。強風に塵埃が吹きとばされ、墓は拍子ぬけするくらい清楚であった。

手向けた樒《しきみ》が三度、風にあおられて飛んだ。なんだか、霊たちが浮かれ楽しんでいる気配である。墓誌に二〇一〇年四月四日、八十八歳で亡くなられた竹内夫人が追刻されている。

にぎってきた白いご飯を食べ終わる。真正面のひとつ先に、すっきりたたずむ「尾崎秀實・英子之墓」と、ほど近い俗名平岡公威の墓にも手向けし、尽きそうもない風塵のなか、墓地をあとにした。

二〇一九年三月二十一日

著　者

中村　愿（なかむら すなお）

一九四七年、福岡県京都郡豊津町に生まれる。

著書に、『三國志逍遥』『狩野芳崖　受胎観音への軌跡』（山川出版社）、『美の復権―岡倉覚三伝』（邑心文庫）、編著に『岡倉天心アルバム』（中央公論美術出版）、訳書に『魯迅の言葉』（監訳、平凡社）、『宦官』『酷刑』『厚黒学』（いずれも徳間文庫、筆名・尾鷲卓彦で翻訳）など。自ら編集出版したものに『竹内好談論集（国民文学論の行方）1』（蘭花堂、一九八五年）などがある。

戦《せん》後《ご》日《に》本《ほん》と竹《たけ》内《うち》好《よしみ》

二〇一九年五月　十五日　第一版第一刷印刷
二〇一九年五月二十五日　第一版第一刷発行

著者　中村　愿
発行者　野澤伸平
発行所　株式会社　山川出版社
東京都千代田区内神田一―一三―一三
〒一〇一―〇〇四七
振替〇〇一二〇―九―四三九九三
電話　〇三（三二九三）八一三一（営業）
〇三（三二九三）一八〇二（編集）
https://www.yamakawa.co.jp/

企画・編集　山川図書出版株式会社
印刷所　株式会社太平印刷社
製本所　株式会社ブロケード

ISBN 978-4-634-15145-1